# BEI GRIN MACHT SICH IHR WISSEN BEZAHLT

- Wir veröffentlichen Ihre Hausarbeit, Bachelor- und Masterarbeit

- Ihr eigenes eBook und Buch - weltweit in allen wichtigen Shops

- Verdienen Sie an jedem Verkauf

Jetzt bei www.GRIN.com hochladen und kostenlos publizieren

Maren Klingelhöfer

# Selbstbestimmt Sterben? Ein theologisches Gespräch mit dem Roman "Ein ganzes halbes Jahr" von Jojo Moyes

GRIN Verlag

**Bibliografische Information der Deutschen Nationalbibliothek:**

Die Deutsche Bibliothek verzeichnet diese Publikation in der Deutschen Nationalbibliografie; detaillierte bibliografische Daten sind im Internet über http://dnb.d-nb.de/ abrufbar.

Dieses Werk sowie alle darin enthaltenen einzelnen Beiträge und Abbildungen sind urheberrechtlich geschützt. Jede Verwertung, die nicht ausdrücklich vom Urheberrechtsschutz zugelassen ist, bedarf der vorherigen Zustimmung des Verlages. Das gilt insbesondere für Vervielfältigungen, Bearbeitungen, Übersetzungen, Mikroverfilmungen, Auswertungen durch Datenbanken und für die Einspeicherung und Verarbeitung in elektronische Systeme. Alle Rechte, auch die des auszugsweisen Nachdrucks, der fotomechanischen Wiedergabe (einschließlich Mikrokopie) sowie der Auswertung durch Datenbanken oder ähnliche Einrichtungen, vorbehalten.

**Impressum:**

Copyright © 2014 GRIN Verlag, Open Publishing GmbH
Druck und Bindung: Books on Demand GmbH, Norderstedt Germany
ISBN: 978-3-656-68369-8

**Dieses Buch bei GRIN:**

http://www.grin.com/de/e-book/271894/selbstbestimmt-sterben-ein-theologisches-gespraech-mit-dem-roman-ein

**GRIN - Your knowledge has value**

Der GRIN Verlag publiziert seit 1998 wissenschaftliche Arbeiten von Studenten, Hochschullehrern und anderen Akademikern als eBook und gedrucktes Buch. Die Verlagswebsite www.grin.com ist die ideale Plattform zur Veröffentlichung von Hausarbeiten, Abschlussarbeiten, wissenschaftlichen Aufsätzen, Dissertationen und Fachbüchern.

**Besuchen Sie uns im Internet:**

http://www.grin.com/

http://www.facebook.com/grincom

http://www.twitter.com/grin_com

# SELBSTBESTIMMT STERBEN? EIN THEOLOGISCHES GESPRÄCH MIT DEM ROMAN "EIN GANZES HALBES JAHR" VON JOJO MOYES

Examensarbeit

Maren Klingelhöfer

**Universität Siegen**

# Inhaltsverzeichnis

1. Einleitung ... 2
2. Eine Einführung ... 4
   2.1 Suizid und Suizidversuch – Der Weg zur Tat ... 4
   2.2 Die Realität – Ein Leben mit Tetraplegie ... 5
   2.3 Eine Auseinandersetzung mit der Sterbehilfediskussion aus juristischer, praktischer und ethischer Sicht ... 9
      2.3.1 Selbstbestimmtes Sterben aus juristischer Sicht ... 9
         2.3.1.1 Habe ich ein Recht auf Suizid und Suizidbeihilfe? ... 10
         2.3.1.2 Der ärztliche Kodex (Teil 1) ... 13
      2.3.2 Selbstbestimmtes Sterben aus praktischer Sicht ... 14
         2.3.2.1 Welche Formen der Sterbehilfe gibt es? ... 14
         2.3.2.2 Was leisten sog. Sterbehilfeorganisationen in der Schweiz? – am Beispiel der Organisationen EXIT und DIGNITAS ... 15
      2.3.3 Selbstbestimmtes Sterben aus ethischer Sicht ... 19
         2.3.3.1 Wie autonom ist der Mensch? ... 20
         2.3.3.4 Welches Leben ist lebenswert? – Das ethische Menschenbild ... 24
         2.3.3.2 Welches Leben und welches Sterben sind würdevoll? ... 26
         2.3.3.5 Der ärztliche Kodex (Teil 2) ... 29
   2.4 Einblick in die philosophische Sicht zum Thema Suizid und Suizidbeihilfe ... 30
3. Selbstbestimmt sterben? - Ein theologisches Gespräch ... 32
   3.1 Welche Position nimmt die Kirche zum Thema Suizid und Suizidhilfe ein? ... 33
   3.2 Die Heiligkeit des Lebens ... 36
   3.3 „Du darfst (dich) nicht töten"? ... 37
   3.4 Sind mein Leben und mein Leib Geschenk und Leihgabe Gottes? ... 40
   3.5 „Dein Wille geschehe"? ... 44
   3.6 Was bedeutet mein Leid und muss ich es ertragen? ... 45
   3.7 Vor welcher Herausforderung steht die Kirche? ... 47
4. Schluss ... 48
5. Literaturverzeichnis ... 54
6. Abkürzungsverzeichnis ... 60

## 1. Einleitung

„Ich will so nicht leben, Mutter. Das ist nicht das Leben, das ich mir ausgesucht habe. Es gibt keine Aussicht auf Besserung, und deshalb ist es ein vollkommen vernünftiger Wunsch, diesen Zustand auf eine Art zu beenden, die ich für richtig halte."[1]

Diesen aussagekräftigen Sterbewunsch äußert William Traynor gegenüber seiner eigenen Mutter, Camilla Traynor. Beide sind Figuren aus dem Roman *Ein ganzes halbes Jahr* von Jojo Moyes aus dem Jahre 2013. Der Roman handelt von einem jungen Mann, der seit einem fremdverschuldeten Unfall im Rollstuhl sitzt. Er ist vom Kopf abwärts gelähmt[2] und rund um die Uhr auf fremde Hilfe angewiesen. Im Rahmen einer tragischen Liebesgeschichte wird das Thema der Euthanasie aufgegriffen. So fiktiv auch die Figuren und die Liebesgeschichte sein mögen, das Thema ist fortlaufend aktuell und existent. William Traynor war vor seinem Unfall, zwei Jahre zuvor, ein sehr dynamischer, sportlicher und aktiver Mann und liebte sein unbeschwertes Leben. Der Gedanke, für immer an den Rollstuhl gefesselt und nur noch auf andere Menschen angewiesen zu sein, bringt ihn dazu, nachdem er schon einen Suizidversuch hinter sich hat, sich auf eine selbstbestimmte und legale Art in der Schweiz das Leben zu nehmen.

---

[1] Moyes (2013), 160.
[2] Anm.: Tetraplegie: griech. tetra = vier; plege= Schlag, Lähmung; d.h. alle vier Gliedmaßen (Arme und Beine) gelähmt.

Diese Art des Suizids nennt sich „assistierter Suizid" und gehört zu einer Form der Sterbebeihilfe.

Im Rahmen meiner Examensarbeit werde ich mich besonders mit den Fragen auseinandersetzen, die mich beim Lesen des Romans beschäftigt haben. Diese werde ich in Bezug zur realen Wirklichkeit und zur aktuellen Diskussion jeweils neu zu stellen versuchen. Ich werde den Versuch wagen, diese Fragen, unter anderem auch die Leitfrage „Selbstbestimmt sterben?", unter juristischen, praktischen, ethischen und theologischen Gesichtspunkten zu beantworten. Mir ist es wichtig, durch verschiedene Überlegungen Antworten zu finden. Diese Antworten können aufgrund der Komplexität des Themas nicht als absolut angesehen werden, sondern es sind meiner Ansicht nach ausgewählte Argumente, die für mein persönliches Gespräch mit dem Roman maßgeblich sind.

Im Vorfeld möchte ich darauf hinweisen, dass ich in dieser Arbeit keineswegs eine Analyse des Romans anstrebe. Ich beschäftige mich ausschließlich mit der Thematik des „assistierten Suizids" in der Schweiz und dessen Beurteilung unter den oben erwähnten Gesichtspunkten. Der Roman dient in diesem Sinne nur zur Anregung meiner Fragestellungen bezüglich dieses komplexen Gegenstandes.

## 2. Eine Einführung

Das folgende Kapitel greift die wichtigsten Diskussionsfragen zum Thema „Sterbehilfe" in den Bereichen Recht, Praxis und Ethik auf. Es fungiert als Einführung in das theologische Gespräch mit dem Roman (Kapitel 3). Die Debatte um die Selbstbestimmung im Sterbeprozess avancierte in den letzten Jahren zum Gegenstand der Medien. Man diskutiert über das Recht der Selbstbestimmung am Lebensende: Wann, wo und wie will ich sterben? Den Möglichkeiten der Selbstbestimmung sind jedoch einige Grenzen gesetzt und werden im Folgenden aufgeführt.

### 2.1 Suizid und Suizidversuch – Der Weg zur Tat

„Wenn Sie mich fragen, warum Menschen Selbstmord begehen, dann ist meine Antwort, daß ich es nicht weiß."[3]

Kein Selbstmord gleicht dem anderen. Man hat fortwährend mit Individualformen des Suizids zu tun. Es ist die Tat eines Menschen, der den Tod dem Leben vorzieht und ihm sein persönliches Siegel verleiht.[4] Dadurch wird er von etwas Geheimnisvollem umgeben. Kein Mensch, außer der Sterbewillige selbst, versteht ihn.[5]

Warum begehen aber so viele Menschen Suizid?[6] Viele Menschen denken über eine suizidale Handlung nach, wenn sie sich psychisch und physisch schlecht fühlen. Besonders

---
[3] Diekstra/McEnery (1992), 13.
[4] Durkheim (1983), 319.
[5] Diekstra/McEnery (1992), 65.
[6] Anm.: Pro Jahr ca. 12000 Suizide; 100000 Suizidversuche, davon 11000 Überlebende

wenn dieser Zustand über einen längeren Zeitraum anhält.[7] Im Moment der Tat bemisst man seinen Freitod als letzte und beste Option vieler anderer Möglichkeiten.[8] Der Sterbewillige erlebt seine körperliche Unfähigkeit, sein Ausgeliefertsein an eine fremde Welt von Apparaten, Gerüchen und an Pflegepersonal als starke Beeinträchtigung. Das Selbstwertgefühl leidet. Seine Krankheit, sein physisches Leid, weist prinzipiell auf eine Krise des Menschen hin.[9]

Will Traynors Suizidversuch und die endgültige Entscheidung, den Tod dem Leben vorzuziehen, sind darauf zurückzuführen, dass er aufgrund seiner immensen somatischen Einschränkung und der damit verbundenen Abhängigkeit nicht weiter leben möchte. Er findet sich damit ab, dass sich sein körperliches Befinden, trotz physiologischer und medikamentöser Therapie, nicht verbessern wird. Sein Körper besteht in einem „Ist-Zustand", in dem er sich gefangen fühlt. Die Akzeptanz dieses Zustands erlaubt es ihm, die Option des Freitodes zu wählen.

## 2.2 Die Realität – Ein Leben mit Tetraplegie

Wie ein Leben mit einer gravierenden Behinderung ist, kann man nur schwer erahnen, wenn man nicht selbst mit dieser Situation leben muss. Im Roman „Ein ganzes halbes Jahr" wird das Handicap durch die Tetraplegie zum Ausdruck gebracht.

---

[7] Diekstra/McEnery (1992), 23.
[8] Redfield Jamison (1999), 75.
[9] Reiner (1974), 153.

Tetraplegie ist die Lähmung nach Verletzung des Rückenmarks im Bereich der Halswirbelsäule. Alle Gliedmaßen unterhalb des Kopfes sind funktionsgestört oder gar funktionslos.[10] Wie schwerwiegend diese Behinderung und der Umgang mit Tetraplegikern sind, zeigt sich nicht zuletzt auch in bekannten Filmen wie *Million Dollar Baby*[11] aus dem Jahre 2004 und *Ziemlich beste Freunde*[12] aus dem Jahre 2011.

Jedoch ist zu beachten, dass in solchen „Hollywood-Produktionen" und in „Literatur-Bestsellern" klischeehafte Darstellungen geboten werden.[13] Im Roman listet die Protagonistin Lou zwar viele Dinge auf, die man mit einem Tetraplegiker nicht unternehmen kann, jedoch wird die Liste in der Realität über die aufgezählten 15 Punkte hinausragen.[14]

Williams Schmerzen und seine Abhängigkeit werden zwar gut geschildert und auch besser als die der Protagonisten der o. g. Filme, jedoch ziehe ich im Folgenden Aussagen „echter" Tetraplegiker hinzu, um eine reale Einsicht in die Hürden im Leben eines Tetraplegikers zu bekommen:

„Fast alle Querschnittgelähmten haben Probleme mit der Darm- und Blasenentleerung, weil bei dieser Form der Lähmung das vegetative Nervensystem gestört ist. Bei mir muss die Blase sechsmal am Tag katheterisiert werden. Ich bin dem Pfleger komplett ausgeliefert; er steht nicht nur dabei, wenn ich auf der Toilette sitze, sondern er übernimmt die

---

[10] Ergotherapie Paraplegiologie (2014) http://www.ergotherapie-paraplegiologie.info/Artikel/Fachthemen/Def_QSL.pdf
[11] Anm.: Oscarprrämierter Film, basierend auf einer Kurzgeschichte des US-amerikanischen Boxtrainers F. X. Toole aus der Sammlung „Champions. Geschichten aus dem Ring".
[12] Anm:: Oscarnominierter Film, beruhend auf einer wahren Begebenheit und erzählt die Geschichte des ehemaligen Geschäftsführers des Champagnerherstellers Pommery, Philippe Pozzo di Borgo.
[13] Vgl. Mathwig (2010), 23.
[14] Vgl. Moyes (2013), 319ff.

ganze Arbeit. Er hilft mir beim Abführen mit Zäpfchen oder Klistiermittel, beim Aufstehen, beim Essen (ich werde gefüttert), beim Tablettennehmen – manchmal könnte ich meine Tür einfach offen stehen lassen, soviel Besuch bekomme ich. Nachts bin ich auch auf Hilfe angewiesen. Ich muss alle paar Stunden umgelagert werden, um Druckstellen zu vermeiden. Wo der Körper aufsitzt, ist er schlechter durchblutet, weil dort die Sauerstoffversorgung unterbrochen ist. An dieser Nähe eines anderen Menschen hatte ich ordentlich zu kauen. Vielleicht gewöhne ich mich nie daran."

„Versuch mal, dich ein paar Stunden hinzusetzen und deine Hände nicht zu nutzen und dich nicht zu bewegen – wie oft man sich normalerweise ins Gesicht langt, um sich zu kratzen, um eine Wimper von der Wange zu streichen; wie oft man sich umsetzt!"

„Wenn wir weggehen, schauen manche die ganze Zeit her. Wenn man sie dann anschaut, schauen sie schnell weg. Ich habe das früher auch gemacht und es ist okay. Den Mut, einen einfach anzusprechen, fassen die wenigsten. Ich sage immer: Der Rollstuhlfahrer rührt sich schon, wenn er Hilfe braucht. Ganz Eifrige packen mich manchmal und fahren mich hin, wo ich nicht hin wollte. Dann sage ich: Ich stand ganz gut. Aber danke."[15]

Samuel Kochs[16] Kommentar zu dem Film *Ziemlich beste Freunde*: „Ich habe vieles wiedererkannt. Bei Stellen aber, wo es im Alltag kritisch, kompliziert und unschön wird, wurde im Film geschickt geschnitten. In einer Szene etwa steht der

---

[15] Süddeutsche Zeitung (2011) auf: http://jetzt.sueddeutsche.de/texte/anzeigen/526814/Von-wegen-Koerper-kaputt-Leben-kaputt.

[16] Anm.: Samuel Koch ist ein junger Schauspielstudent (geb. 1987), der sich im Jahre 2010 in der Fernsehsendung „Wetten, dass…?" bei einem Wetteinsatz schwer verletzte und seither gelähmt ist.

Protagonist Philippe vor dem Flugzeug, dann zack, Schnitt – plötzlich sitzt er gestriegelt im Flieger. Oder was die Klamotten betrifft, zack, Schnitt – plötzlich ist man umgezogen. Ich wünschte, das ginge tatsächlich so schnell. Aus meiner Erfahrung kann das schon mal eine halbe Stunde dauern."[17]

Die aufgeführten Interview-Ausschnitte zeigen Beispiele wahrer Probleme und Hürden im Alltag eines Querschnittgelähmten, welche sich nicht mit den fiktiv geschilderten Problemen in Buch und Fernsehen vergleichen lassen.

„Pero me desppierto siempre y siempre quiero estar muerto"[18] ist das Zitat des galizischen Seemanns Ramón Sampedro. Nach einem Sprung von einer Klippe war er vom Hals abwärts gelähmt und kämpfte von dort an jahrelang für das Recht, sich das Leben nehmen zu dürfen. Im Jahre 1998 nahm er sich vor laufender Kamera und in Begleitung seiner Freundin durch Einnahme eines tödlichen Mittels das Leben. Seine Geschichte wurde im Film *Mar Adentro* im Jahre 2004 verfilmt.[19]

Sinn und Zweck der o. g. Verfilmungen liegen darin, dass sie geradewegs in den Mittelpunkt der moralischen Konflikte um Suizidhilfe und Sterbehilfe führen. Des Weiteren dokumentieren sie einen gesellschaftlichen Wandel in Umgang mit Sterbe- und Suizidhilfe. Denn der Wunsch nach einem selbstbestimmten Lebensende und der Wunsch nach „[...] Hilfe beim Suizid rücken aus dem toten Winkel gesellschaftlicher Tabus ins Rampenlicht."[20]

---

[17] Der Spiegel (2012) auf: http://www.spiegel.de/spiegel/print/d-87347263.html.
[18] Vgl. Ramón Sampedro, Cartas desde la inferno, Barcelona 1996: "Doch immer wach ich auf und immer wär ich lieber tot".
[19] Mathwig (2010), 21.
[20] Ebd., 22.

## 2.3 Eine Auseinandersetzung mit der Sterbehilfediskussion aus juristischer, praktischer und ethischer Sicht

Sterben gehört zum Leben! Dieser Satz klingt paradox, und doch ist er wahr. Der Tod ist allgegenwärtig. Betrachten wir die Sterbehilfedebatte aus verschiedenen Perspektiven, so eröffnet sich ein Vielfaches an Für und Wider. Deshalb ist zu vermerken, dass es sich vielmehr um keine pauschale Sicht der jeweiligen Perspektiven handelt. Der Begriff „Sicht" ist als Aufführung und Gegenüberstellung einzelner und subjektiver Sichten zu verstehen.

### 2.3.1 Selbstbestimmtes Sterben aus juristischer Sicht

Durch die Legalisierung der Euthanasie in den Niederlanden im Jahre 2001 wurde der vorherrschenden Tabuisierung europaweit ein Ende gesetzt.[21] Dennoch sind ihr durch gesetzliche Richtlinien der jeweiligen Länder einige Grenzen gesteckt. Die juristischen Bestimmungen sind, selbst im geografisch kleinräumigen und kulturell eng verbundenen Europa, bezüglich der Entscheidungen am Lebensende, unterschiedlich.[22]

Die Schweizer Rechtspraxis stellt im internen Kontext einen Sonderfall dar. Erstens fokussiert sich die Schweiz auf die Beihilfe zur Selbsttötung, während in anderen Ländern und vor allem in den Nachbarländern die Debatte um die aktive

---

[21] Spieker (2004), 11.
[22] Mathwig (2010), 143.

Sterbehilfe leitendes Diskussionsthema ist. Zweitens ist die Schweiz eins der wenigen Länder, in dem auch Nicht-Mediziner an der Beihilfe zur Selbsttötung beteiligt sind.

Wir widmen uns in diesem Kapitel ausschließlich der schweizerischen und deutschen Gesetzesbestimmung des Suizids und der Suizidbeihilfe.

### 2.3.1.1 Habe ich ein Recht auf Suizid und Suizidbeihilfe?

Der Suizid entzieht sich in Deutschland einer rechtlichen Normierung. Das bedeutet aber nicht zwangsläufig, dass diese Straflosigkeit auch für die Suizidbeihilfe in Kraft tritt. Ein Selbstmord ist kein „Recht", sondern eine Handlung, die keiner sittlichen Norm unterliegt. Jedoch ist es für das Gemeinwesen von großem Interesse, den Selbstmord sittlich beurteilen zu können.[23] Gibt es aber ein deutsches Gesetz, aus dem sich eine rechtliche Anerkennung der Selbsttötung ableiten lässt? Im Grundgesetz ist kein Gesetz mit dem entsprechenden Wortlaut verankert. Eine Suizidhandlung ist daher nicht strafbar.[24] Diese Straflosigkeit bedeutet wiederum nicht, dass eine rechtliche Anerkennung vorliegt. Das Fehlen einer Strafnorm dient allein einem bestimmten „Erfolg" zum Anknüpfpunkt einer Sanktion. Wie könnte man jemanden nach einem erfolgreichen Suizid auch bestrafen? In Betracht käme die Bestrafung eines Selbstmordversuches, jedoch geht man in diesem Falle davon aus, dass ein gescheiterter Selbstmord für den Suizidanten schon schlimm genug ist.[25]

---

[23] Spaemann (2004), 107f.
[24] Beckmann (2004), 219.
[25] Ebd., 223.

Wenn kein Strafbestand zum Suizid vorliegt, ist die Beihilfe zum Suizid letztlich auch erlaubt? Ist die strafrechtliche Regelung des assistierten Suizids denn so einfach geregelt? Die Beihilfe zum Suizid ist in der Schweiz und in Deutschland erst dann strafbar, wenn sie „aus selbstsüchtigen Beweggründen" erfolgt.[26] Darüber hinaus muss die „Tat" vom Lebensmüden allein, selbst und eigenverantwortlich begangen werden ohne aktive und vorsätzliche Handlung Dritter.[27] Weshalb aber gibt es in Deutschland keine vergleichbare Praxis der Beihilfe zum Suizid, die mit der in der Schweiz gleichzusetzen ist? Es liegt eine Widersprüchlichkeit der Gesetzeslage in Deutschland vor.[28] Die Suizidbeihilfe wird hierzulande nicht explizit durch Strafnormen erfasst, sondern windet sich weiterhin zwischen dem „Blinden Fleck" des Gesetzes und den ethischen Normen.[29]

Im Jahre 2006 entschied sich das schweizerische Bundesgericht in Lausanne sogar ganz offiziell für das Menschenrecht auf Suizid.[30]

Obwohl der assistierte Suizid nicht strafbar ist, handelt es sich nichtsdestotrotz um einen außergewöhnlichen Todesfall. Daher muss kurz nach Eintritt des Todes die Polizei verständigt werden. Diese leitet, wie bei allen anderen Suiziden auch, ein Ermittlungs- und Untersuchungsverfahren ein. Bei Vorliegen eines hinreichenden Tatverdachts muss überdies ein Strafverfahren eingeleitet werden. Ein Tatverdacht liegt dann vor, wenn ein Drittverschulden am Tod des Lebensmüden festzustellen ist. Gemeinsam mit der Staatsanwaltschaft und der Gerichtsmedizin erfolgen unter

---

[26] Vgl. Art. 115 StGB.
[27] Rehmann-Sutter (2006), 9.
[28] Frieß (2010), 45.
[29] Mathwig (2010), 149.
[30] Abé (2014), 31.

Leitung der ortsansässigen Polizei alle notwendigen Erhebungen, wie zum Beispiel die Befragung Angehöriger und des Pflegepersonals.[31]

William Traynors Fall musste auch durch ein rechtliches Verfahren untersucht werden. Aufgrund folgender Punkte wurde seine Suizidhandlung straflos gebilligt:

„1. Mr. Traynor wurde als geschäftsfähig erachtet und hatte den freiwilligen, eindeutigen, entschiedenen und sachkundig fundierten Wunsch, diese Entscheidung zu treffen.

2. Es gibt keinerlei Hinweise auf eine geistige Erkrankung oder Nötigung von anderen.

3. Mr. Traynor hatte zweifelsfrei geäußert, dass er Selbstmord begehen will.

4. Mr. Traynors Behinderung war schwer und unheilbar.

5. Das Handeln derjenigen, die Mr. Traynor begleitet haben, kann als widerwillige Unterstützung angesichts des entschiedenen Wunsches auf der Seite des Opfers angesehen werden.

6. Alle Beteiligten haben der Polizei jede Unterstützung bei der Untersuchung dieses Falles angeboten."[32]

Des Weiteren ist die Arzneiproblematik zu benennen: Während Ärzte in der Schweiz ihren Patienten problemlos eine tödliche Dosis des Medikaments Natrium-Pentobarbital (NaP) verschreiben können, darf in Deutschland aufgrund des Betäubungsmittelgesetzes solch eine Dosis nicht verschrieben werden. Die Gefahr besteht aber, dass durch

---

[31] Göring-Eckardt (2007), 86.
[32] Moyes (2013), 513f.

Versandapotheken im Internet künftig auch mit tödlichen Medikamenten im In- und Ausland gehandelt wird.[33]

### 2.3.1.2 Der ärztliche Kodex (Teil 1)

Ist Assistenz zum Sterben unärztlich?

Da Suizidbeihilfe aus Gründen der Rechtsdogmatik nicht strafbar ist, gilt das auch für einen freiverantworteten Suizid mit ärztlicher Hilfe. Jedoch ist ein Arzt[34] dazu verpflichtet, so schreibt die Bundesärztekammer, Leben zu erhalten, was wiederum bedeuten kann, dass er bei der Hilfe zum Suizid, dem Suizidenten zurück ins Leben verhelfen muss. Täte er das nicht, so müsse sein Handeln strafrechtlich verfolgt werden. Die ärztliche Assistenz zum Sterben widerspräche dem „ärztlichen Berufsethos".[35]

Eine weitere Beurteilung des „ärztlichen Berufsethos" und dessen Ausprägungen finden sich im Kapitel 2.2.3.4 unter „Der ärztliche Kodex (Teil 2)".

---

[33] Schächter (2004), 269.
[34] Anm.: In dieser Arbeit findet ausschließlich aus Gründen der einfacheren Lesbarkeit bei Personen- und Berufsbezeichnungen das generische Maskulinum Verwendung. In den entsprechenden Fällen sind ebenso weibliche wie männliche Personen impliziert.
[35] Schöne-Seifert (2000), 102.

## 2.3.2 Selbstbestimmtes Sterben aus praktischer Sicht

### 2.3.2.1 Welche Formen der Sterbehilfe gibt es?

Es ist wichtig zu benennen, welche Formen der Sterbehilfe bestehen, um eine genaue Abgrenzung zur Suizidbeihilfe vornehmen zu können. Um jedoch nicht das Augenmerk vom assistierten Suizid abzulegen, behandele ich andere Formen der Sterbehilfe geringfügiger. Gleichzeitig ist es naheliegend, kurz auf die juristischen Gegebenheiten einzugehen.

Die aktive Sterbehilfe ist die absichtliche und aktive Herbeiführung des Todes. Sie ist in Deutschland und in der Schweiz verboten.

Bei der indirekten aktiven Sterbehilfe erfolgt eine Linderung mittels Schmerzmittel, bei der eine Lebensverkürzung in Kauf genommen wird. Diese Form der Sterbehilfe ist straflos.

Passive Sterbehilfe bzw. das Sterbenlassen meint den Verzicht auf lebenserhaltende Maßnahmen. Dieses Verfahren ist nur dann straflos, wenn der Patient diesem eingewilligt hat.

Der Assistierte Suizid bzw. die Beihilfe zur Selbsttötung ermöglicht es dem Sterbewilligen durch die Beschaffung eines tödlichen Medikaments, seinen Tod und seinen Sterbevorgang auf selbstbestimmte Art zu gestalten.[36] Die letzte Handlung liegt beim Sterbewilligen selbst. Sobald jemand anderes die Tatherrschaft ergreift und ihm das tödliche Medikament Natrium-Pentobarbital (NaP) verabreicht, handelt es sich um aktive Sterbehilfe, auch wenn der Sterbewillige es ihm gestattet hat.[37] Nach Einnahme des

---

[36] Abé (2014), 33.
[37] Frieß (2010), 22.

tödlichen Medikaments verfällt der Lebensmüde in einen tiefen Schlaf, der in einen komatösen Zustand übergeht und ein Aussetzen der Atemimpulse zur Folge hat und letztendlich zum Herzstillstand führt. Dieses Verfahren erfolgt laut Informationen von EXIT ohne Schmerzen und ohne jegliches Leiden.[38]

Beim *assistierten Suizid* sind immer zwei Personen und zwei Handlungsperspektiven gegeben:

1) Der Mensch, der sich, aus individuellen Gründen, den Tod wünscht und den Ausweg aus dem Leben sucht
2) Die Person, die dem Wunsch des Sterbewilligen nachgeht und ihm ein tödliches Medikament in die Hand gibt, ohne dabei die Tatherrschaft zu übernehmen. Die Einnahme erfolgt, wie bereits erwähnt, vom Sterbewilligen allein und eigenverantwortlich.[39]

### 2.3.2.2 Was leisten sog. Sterbehilfeorganisationen in der Schweiz? – am Beispiel der Organisationen EXIT und DIGNITAS

In der Schweiz ist es heutzutage durch sogenannte „Sterbehilfeorganisationen"[40] möglich, sich selbstbestimmt das Leben zu nehmen. Diese Sterbehilfeorganisationen in der Schweiz, wie DIGNITAS[41] und EXIT[42], bieten unter anderem die Beihilfe zur Selbsttötung an.

---

[38] Vgl. Exit (2013) (http://www.exit.ch/freitodbegleitung/wie-laeuft-eine-freitodbegleitung-ab/).
[39] Rehmann-Sutter (2006), 9.
[40] Anm.: Der Begriff Sterbehilfeorganisation(en) ist umstritten. Kritiker bemängeln durch den Ausdruck der Vollzug der Beihilfe zum Suizid beschönigt werde. Dennoch soll er aufgrund seiner hohen Gebräuchlichkeit Verwendung finden.
[41] Anm.: Dignitas = lat. die Würde.
[42] Anm.: Exit = engl. der Ausgang.

Im Roman *Ein ganzes halbes Jahr* verhilft die Organisation Dignitas Will zu einem selbstbestimmten Tod.[43]

## EXIT

Die Organisation EXIT wurde 1982 unter Leitung von Hedwig Zürcher und Walter Baechi gegründet und ist mit ca. 70.000[44] Mitgliedern die größte Sterbehilfeorganisation in der Schweiz. Sie ist dort die wegweisendste „pressure group" für eine Legalisierung der aktiven Sterbehilfe.[45] Derzeitige Präsidentin der Einrichtung ist Saskia Frei. Eine Mitgliedschaft kostet jährlich 45 CHF und eine lebenslange Mitgliedschaft beträgt 900CHF.[46] Eine Mitgliedschaft ist nur für Schweizer Bürger und Personen mit Wohnsitz in der Schweiz möglich. Jährlich wird die Organisation mit ca. 2.000 Freitodanfragen konfrontiert, von denen sie aber nach eingängiger Prüfung nur ca. 500[47] bewilligen darf.

Von diesen 500 Sterbewilligen, werden letztendlich ca. 350 in den Tod begleitet. Die Organisation darf nur Fälle bewilligen, die folgende Voraussetzungen mit sich bringen:

- Urteilsfähigkeit (Der Sterbewillige weiß, was er tut)
- Wohlerwogenheit (Alle Alternativen zum Freitod wurden erwogen)
- Konstanz (Der Wunsch zu sterben ist dauerhaft)
- Autonomie (Keine Beeinflussung durch Dritte)
- Tatherrschaft (Der Suizid wird eigenhändig durchgeführt).

Diese Voraussetzungen werden nochmals verschärft, indem nur Menschen begleitet werden:

---

[43] Vgl. Moyes (2013), 174.
[44] Stand: 2013.
[45] Schächter (2004), 264.
[46] Exit (2013).
[47] Stand: 2013.

- „mit hoffnungsloser Prognose
- oder mit unerträglichen Beschwerden
- oder mit unzumutbarer Behinderung".[48]

Die Sterbehilfeorganisation gewährleistet einen „sanften, sicheren und würdigen Tod durch Einschlafen".[49]

Alle genannten Bedingungen und Voraussetzungen bieten einen gewissen „Interpretationsspielraum". Eindeutige medizinische Kriterien fehlen gänzlich. Es steht im Ermessen der Exit-Mitarbeiter, welchem Mitglied sie letztendlich zum Tod verhelfen.[50] Obwohl EXIT Einwand erhebt, kann man nur darüber spekulieren, ob sie auch psychisch Kranken und Minderjährigen zum Tod verhilft. Darüber hinaus ist fraglich wie viel sie mit ihren Mitgliedsbeiträgen wirklich verdienen.

**DIGNITAS**

Das Leitbild der Organisation DIGNITAS lautet: „DIGNITAS - Menschenwürdig leben - Menschenwürdig sterben"[51]. Der Verein wurde 1998 auf der Forch bei Zürich von dem Journalisten und Anwalt Ludwig A. Minelli gegründet.

Im Gegensatz zu EXIT genehmigt DIGNITAS auch Anfragen aus dem Ausland, unter der Voraussetzung, man zahlt den Mitgliedsbeitrag. Der jährliche Mitgliedsbeitrag beträgt „mindestens" CHF 80. Nach eigenen Angaben läge es im Ermessen des jeweiligen Mitglieds, wie viel es finanzieren möchte und welche Dienstleistungen es in Anspruch nehme.

---

[48] Exit (2013).
[49] a.a.O..
[50] Schächter (2004), 265.
[51] Dignitas (2013)
(http://www.dignitas.ch/index.php?option=com_content&view=article&id=4&Itemid=44&lang=de).

Überschüssiges Geld werde in den Ausbau von weiteren Dienstleistungen und in die Suizid-Prophylaxe investiert.

Seit der Gründung im Jahre 1998 habe DIGNITAS mehr als 1.170 Menschen bei ihrem selbstbestimmten Tod geholfen.

Die gleichen Voraussetzungen, welche ich bei EXIT benannt habe, treten auch bei DIGNITAS in Kraft.

DIGNITAS schließt darüber hinaus Sterbehilfe für psychisch Kranke nicht aus.[52]

Die Internetseite von DIGNITAS Schweiz weist auch auf ihre deutsche Tochter-Organisation *DIGNITAS Deutschland* hin, welche sich seit 2005 in Hannover befindet.[53] Aufgrund der undurchsichtigen Gesetzeslage in Deutschland werden hierzulande keine Dienstleistungen im Bereich der Suizidhilfe angeboten. Der deutsche Träger möchte auf die zukünftigen Möglichkeiten aufmerksam machen: „Der Verein verfolgt zum einen das Ziel, die derzeitige Rechtslage im Bereich des Sterberechts zu verbessern; insbesondere soll auch erreicht werden, dass die aus dem Grundgesetz sich ergebenden elementaren Bürgerrechte (Leben und Sterben in Würde sowie Ausübung des Selbstbestimmungsrechts) in der täglichen Praxis verwirklicht werden. Darüber hinaus unterstützt der Verein mittels anwaltlicher Hilfe seine Mitglieder darin, dass diese ihre durch die Verfassung gewährleisteten Rechte auf freie Selbstbestimmung gegenüber Krankenhäusern, Pflegestationen, Ärzten und Pflegepersonal durchsetzen können."[54]

---

[52] Schächter (2004), 266.
[53] Dignitas (2013).
[54] a.a.O..

### 2.3.3 Selbstbestimmtes Sterben aus ethischer Sicht

In der heutigen Gesellschaft hat ein langes und gesundes Leben höchste Priorität. Man plädiert auf die Achtung vor dem menschlichen Recht auf Leben. Aber was ist, wenn man schwer erkrankt und leiden muss? Ist es dann noch sinnvoll und rechtens, mit allen verfügbaren Mitteln am Leben erhalten zu werden? Die Medizin hat es sich jeher zur Aufgabe gemacht, Krankheiten zu heilen, Schmerzen zu lindern und im Fall der Fälle den Menschen vor dem Tod zu „bewahren", indem er ihn durch Apparate und Medikamente am Leben hält. Habe ich aber auch als Patient den autonomen und rechten Entscheid, zu sagen: „Nein, das möchte ich nicht mehr! Lasst mich sterben!"?

In welchem Verhältnis steht das Recht auf Leben zu einem Recht auf Selbstbestimmung, vielmehr auf einem Recht auf Sterben?

William Traynors Zustand erlaubt es ihm zu sagen, dass er nicht mehr leben möchte. Es ist sein freier, autonomer Wille. Ihm ist bewusst, dass das Leben, welches er seit seinem Unfall führt, nicht das Leben ist, was er für „lebenswert" hält.[55] Seine Schmerzen und sein körperlicher Zerfall prägen seinen Alltag. Diesen Alltag begreift er als einen vegetativen Zustand.[56]

Kann mangelnde Lebensqualität ein hinreichender Grund dafür sein, sein Leben zu beenden? Ist die Selbstbestimmung über Art, Zeitpunkt und Ort seines Lebensendes

---

[55] Vgl. Moyes (2013), 175 (271, 279, 355, 419, 460-466).
[56] Vgl. ebd., 61.

gerechtfertigt? Welches Leben ist lebenswert? Welches Leben, welches Sterben und welcher Tod sind würdevoll?

Im folgenden Kapitel setze ich mich mit den komplexen Fragen bezüglich des Suizids und der Suizidbeihilfe aus dem Bereich der Ethik auseinander.

### 2.3.3.1 Wie autonom ist der Mensch?

Autonomie[57] ist ein zentraler, von der Aufklärung geprägter Begriff für die ethische Beurteilung von Suizid und Suizidbeihilfe. Es ist die Fähigkeit, eigene Überzeugungen und Interessen zum Ausdruck zu bringen. Ein autonomer Wille unterliegt einem moralischen Gesetz. Wir dürfen unser Leben eigenverantwortlich und individuell planen und gestalten. Über zentrale Anliegen des eigenen Lebens dürfen wir selbst entscheiden, solange die Freiheiten anderer nicht verletzt werden.[58] Aber schon der Eintritt ins Leben war keine freie Entscheidung des Menschen, obwohl die Selbstbestimmung doch Kern der Identität des Menschen ist. Er neigt dazu, Planungssicherheit bis zum Lebensende zu bewahren und das Sterben sogar seinen Autonomieansprüchen zu unterwerfen. Die Planungssicherheit bis zum Lebensende bleibt aber eine Illusion. Denn je mehr des Menschen Kräfte schwinden und je näher der Tod, desto schärfer der Blick dafür, dass weniger Selbstbestimmung unser Lebensende beherrscht, sondern vielmehr die Selbsthingabe. Im Sterben gestaltet sich Selbstbestimmung zur Selbsthingabe. Denn nur

---

[57] Anm.: griech. autos nomos = Selbstgesetzgebung, Selbstbestimmung.
[58] Rippe (2006), 184.

das zu Ende gelebte Leben ist Ausdruck wahrhaftiger Selbstbestimmung.[59]

Immanuel Kant, Hauptvertreter der Aufklärung, untersuchte den Begriff der Autonomie des Menschen bezüglich seines Freitodes. Das Autonomieverständnis beruht auf dem Verständnis von Freiheit als entscheidende Voraussetzung der Möglichkeit zu pflichtbewusstem und humanem Handeln.[60] Er kam zu der Auffassung, dass die Selbsttötung nicht Ausdruck von Autonomie sei, sondern die Absage an Autonomie und Freiheit. Denn mit diesem Akt werde das Subjekt seiner Freiheit und Sittlichkeit beraubt. Der Selbstmord sei ein Akt der Selbstvergessenheit. Kant präzisiert seine Aussage, indem er sagt, dass der Mensch sich in diesem Moment des Selbsttötens nur als bloßes Mittel zur Erreichung und Erhaltung erstrebenswerter Zustände verstehe. Man verstehe sich selbst als Mittel zum Zweck, das man beiseite räumt, wenn es versagt.[61] Der Mensch sei in seiner Autonomie nur auf sich selbst bedacht, nämlich in Bezug zu seiner Selbstverwirklichung und nicht in Bezug zu seinem eigens herbeigeführten Tod.[62]

Einen weiteren Aspekt der Autonomie beim Sterbewunsch sieht Josef Römelt, der gerade im Rekurs auf Autonomie und Sterben das Sterben der damit gewünschten Privatsphäre entrissen sieht. Denn dadurch, dass die Sterbehilfemaßnahmen zwar legal sind, unterliegen sie trotz allem staatlicher Kontrollinstanzen, die den Einzelnen vor Missbrauch schützen sollen. Der, der sich nun in Freiheit sieht als Subjekt, weil er sich für sein Lebensende entschieden hat

---

[59] Spieker (2004),15f.
[60] Greis (2000) S. 132.
[61] Vgl. Spaemann (2004), 108.
[62] Ebd., 122.

und sich Intimität und Autonomie im Sterben verspricht, wird zum bloßen Objekt von Kontrollen.[63] Die praktische Umsetzung der Suizidbeihilfe verhindert somit allein durch staatliche Kontrolle die Autonomie des Sterbewilligen.

Die moderne Ethik plädiert dafür, dass man im Zweifelsfalle dazu verpflichtet ist, sich für das Leben zu entscheiden. Dürfen wir Andersdenkende dazu zwingen, unseren eigenen Wertvorstellungen zu folgen? Darf Will seine Angehörigen dazu zwingen, ihn zu verstehen? Beide Seiten müssen den autonomen Willen des jeweilig anderen akzeptieren oder wenigstens tolerieren. Auch wenn man sich letztendlich für den Tod entscheidet. Niemand hat das Recht, jemandem zum Leben zu zwingen, wenn es sein ausdrücklicher und autonomer Wunsch ist, so nicht leben zu wollen. Dies wird durch zweierlei Argumente unterstützt:

- In einer pluralistischen Gesellschaft darf der Staat nicht darüber entscheiden, ob Suizid zulässig ist oder nicht. Keine Instanz kann für den Einzelnen, für das Subjekt, entscheiden. Es ist die eigene Freiheit, seine eigenen weltanschaulichen und moralischen Überzeugungen zum Suizid ausleben zu dürfen.
- In den allgemeinen Patientenrechten steht geschrieben, dass man das Recht habe, eine ärztliche Behandlung und mögliche Therapien, die zur eventuellen Heilung führen, abzubrechen. Dieses Recht besteht auch, wenn der Abbruch zum Tode des Patienten führt.[64]

Ein Anspruch auf Suizidhilfe besteht jedoch nicht, denn aus ethischer Sicht ist das Recht auf Suizid kein Anspruchs-

---

[63] Römelt (2002), 10.
[64] Rippe (2006), 185.

sondern ein Freiheitsrecht.[65] Vom ethischen Standpunkt aus muss ein Suizid oder die Suizidbeihilfe sogar verhindert bzw. abgelehnt werden, wenn der Sterbewillige nur ungenügend in der Lage ist, seinen eigenen Tod zu beurteilen, sprich: wenn Zweifel an seiner Autonomie aufkommen. Man ist der Suizidprävention moralisch verpflichtet.[66]

Des Weiteren stellt sich die Frage, ob ein „Missbrauch" des Autonomierechts vorliegt, wenn man Autonomie in Bezug zum Leiden setzt. Sind Menschen, die unter einem großen Leidensdruck stehen, in der Lage, ihren eigenen Willen zu äußern? Oder leiden diejenigen, die noch ihren autonomen Willen äußern können, schon unerträglich?[67]

Hat William Taynor das Recht, sich über sein Leid zu beschweren, wenn er doch so viel Liebe, Aufopferung und Unterstützung erfährt? Ist nicht Dankbarkeit für sein soziales Umfeld angebracht, weil er weiterhin auf diese Liebe und Unterstützung hoffen kann? Man merkt, dass das Recht auf Selbstbestimmung nicht mit einer „Moral der Dankbarkeit" zusammengerechnet werden darf. Die Forderung: „Wenn man schon nicht aus eigener Entschlossenheit weiterleben möchte, dann wenigstens aus Dankbarkeit und der Verpflichtung Dritten gegenüber", kann in diesem Fall nicht aufrechterhalten werden. Diese Betonung der Achtung und Toleranz gegenüber des Sterbewunsches eines Menschen und des Schutzes seines Rechts auf Selbstbestimmung richten sich gegen eine paternalistische Moral[68]. Wichtig ist aber, dass der gleiche Schutz und Respekt denjenigen

---

[65] Spaemann (2004), 108.
[66] Rippe (2006), 188f.
[67] Jochemsen (2007), 93f.
[68] Anm.: Paternalismus: lat. pater = „Vater", eine Herrschaftsordnung, die im außerfamiliären Bereich ihre Autorität und Herrschaftslegitimierung auf eine vormundschaftliche Beziehung zwischen Herrscher/Herrschern und beherrschten Personen begründet.

gewährt werden muss, die mit dem Sterbewunsch konfrontiert werden. Erneut droht eine Situation geprägt von moralischem Paternalismus. Denn die Ablehnung des Sterbewunsches durch das soziale Umfeld kann wiederum als unmenschlich oder rücksichtslos abgewertet werden. Die Grenzen können nicht klar gezogen werden aufgrund der Ungleichheit der Handlungssubjekte. Einer scharfen Begrenzung der Handlungsoptionen ist in jedem Falle William Traynor ausgeliefert. Handlungsoptionen verwerfen können nur die, die über mehrere Optionen verfügen. Seine Familie konnte seiner Entscheidung entweder zustimmen oder sie ablehnen. William konnte nur darauf hoffen, dass ihm geholfen wird. Wenn ihm nicht geholfen worden wäre, dann hätte er weiterleben müssen.[69]

### 2.3.3.4 Welches Leben ist lebenswert? – Das ethische Menschenbild

William Traynor ist „[...] nur ein körperlich, schwacher, beschädigter Vertreter unserer Gattung. Das macht [...] ihn aus biologischer Sicht uninteressant. Das macht sein Leben wertlos."[70]

Während des Lesens des Romans habe ich mir die Frage gestellt, welches Leben lebenswert und welches Leben lebensunwert ist. Wer entscheidet über den Wert des Lebens? Ich selbst? Oder andere? Gibt es einen Maßstab, an dem man lebenswertes Leben messen kann?

Durch die gesteigerten medizinischen Möglichkeiten, Leben zu erhalten und es zu verlängern, wurden das Leid und die

---

[69] Mathwig (2010), 29f.
[70] Moyes (2013), 271.

Schmerzen der Menschen weniger. Seit den 1960er Jahren hat sich deshalb die Lebens- und Wertevorstellung zunehmend verändert. Man postuliert seit jeher ein uneingeschränktes Verfügungsrecht über das eigene Leben, weil man durch neue Möglichkeiten der Medizin ein schweres Lebensgeschick nicht mehr einfach so hinnehmen muss. Denn dieses Geschick kann man nun durch Euthanasie "aus dem Weg räumen".[71]

„Schon die Rede von einem 'Wert des Lebens', von lebenswertem oder lebensunwertem Leben, beruht auf dem Vergessen, dass es so etwas wie Wert oder Unwert doch nur unter Voraussetzung von Leben geben kann."

Der deutsche Philosophieprofessor Georg Meggle hat tatsächlich den Schritt gewagt, eine Berechnungsart zu entwickeln, die einen bestimmten Wert zu einem bestimmten Zeitpunkt im Leben eines Menschen ermitteln soll. Jedoch kann man sein Leben nicht unter einem objektiven Maßstab verrechnen. Ein 90 jähriger Mensch habe beispielsweise nach den Berechnungen von Meggle einen höheren Lebenswert als ein Neugeborenes. Ein älterer Mensch habe eine höhere Summe an lebenswerten Abschnitten gelebt als ein Neugeborenes. Aber es kommt nicht auf die Länge des Lebens an, sondern in jedem Abschnitt des Lebens ist das Leben gegenwärtig und deshalb auch lebenswert. Wenn ein Tag lebensunwert ist, dann könne es nur der Tag des Todes sein. Denn nur im Verhältnis zur Nichtexistenz – also zum Tod – kann der Wert der Existenz des Menschen bemessen werden. Ein Mensch zeichnet sich nicht durch Wert aus. Er

---

[71] Eibach (2004), 121.

kann sich nicht nach der Summe seiner qualitativen Tage bewerten lassen.[72]

So paradox es auch klingen mag, aber würde man ein Leben nach Meggles Berechnungen bewerten können, so wäre es allein schon aufgrund der Möglichkeit, sein Leben auf einen Wert berechnen zu können, lebensunwert.

### 2.3.3.2 Welches Leben und welches Sterben sind würdevoll?

Aus der Erklärung des lebenswerten und lebensunwerten Lebens lässt sich die Theorie des würdevollen Lebens und des würdevollen Sterbens weiter ausführen.

Unser europäisches Menschenbild lässt sich aus jüdischen, christlichen und antiken Quellen zusammenfügen. Dieses Menschenbild begreift sich unter dem Begriff der Würde. Man begreift jeden Menschen als Person, d. h. als Einheit von Geist und Leib. Der Mensch als Person ist daher einzigartig und unverwechselbar. Das verleiht ihm eine uneingeschränkte und unantastbare Würde.[73]

Im Grundgesetz ist die Menschenwürde als Recht verankert (Art. 1 Abs. 1 GG). Subjektiv gesehen bedeutet der Begriff „Würde", dass man als Subjekt eigener Entscheidungen geachtet und nicht zum Gegenstand jeglicher Fremdbestimmung wird. In der Objektformel wurde der Begriff ähnlich aufgeführt: „Die Menschenwürde ist betroffen, wenn der konkrete Mensch zum Objekt, zu einem bloßen Mittel, zu einer vertretbaren Größe herabgewürdigt wird."[74] Das

---

[72] Spaemann (2004), 106f.
[73] Böhr (2004), 21f.
[74] Grundgesetz, Art. 1 Abs. 1 Rn. 28.

bedeutet, dass ein jeder Missbrauch der grundsätzlichen Fähigkeit zur Selbstbestimmung eine Menschenwürdeverletzung darstellt. Denn wir Menschen sind Subjekte und keine willkürlich lenkbaren Gegenstände, über die man wie über eine Sache bestimmen kann. Aber Selbstbestimmung ist auch nicht die einzige Grundsätzlichkeit der Menschenwürde. Die Achtung von Selbstbestimmung muss ebenfalls gewahrt bleiben. Wenn dies nicht mehr gewährleistet ist und der Mensch zur Achtung seiner Menschenwürde nicht mehr fähig ist, bedeutet das aber nicht, dass sein Leben menschenunwürdig ist. Grundsätzlich muss man seine Menschenwürde immer achten und bewahren. Sie wird nicht an körperlichen oder geistigen Leistungen bemessen. Besonders nicht an der Fähigkeit zur autonomen Entscheidung. Ein würdevolles Leben ist auch dann gewährleistet, wenn die autonome Fähigkeit noch nicht vorhanden ist oder langsam schwindet. Sonst wären schwache, kranke und hilflose Menschen im Rechtssinn würdelos. Die Gefahr besteht darin, dass Normen und Kriterien für menschenwürdiges Leben geschaffen werden. Die Rechtsprechung des BGH (BGHSt 40, S. 263) teilt mit, dass ein Behandlungsabbruch vorgenommen werden darf, wenn das Patientenleben nicht wieder „menschenwürdig" hergestellt werden kann. Würde man diese Rechtsprechung als rechtliche Verbindlichkeit ansehen, so wäre die Anerkennung zur Selbsttötung nichts weiter als reine Selbstverständlichkeit. Aber Selbsttötung ist keineswegs ein Ausdruck von Menschenwürde, sondern verstößt in deren allgemeiner Grundhaltung, die mit den Wesensmerkmalen der Menschenwürde nicht beigeordnet werden können. Wer sich selbst tötet, degradiert sein Leben und ermisst in diesem Zuge seine eigene Existenz als radikal wertlos und überflüssig.[75]

Nach Kant habe der Mensch wiederum keinen Wert, sondern "Würde". Die Menschenwürde stelle den entscheidenden Inhalt der Autonomie dar. Ein Lebewesen habe erst dann Würde, wenn es sich in seiner Freiheit gemäß der allgemeingültigen Sittengesetze, unter Voraussetzung der Vernunft, bestimme. Heteronomie[76] stelle eine Gefährdung der Menschenwürde dar und mache das Leben auf Dauer unwürdig.

Neben einem würdevollen Leben wünschen sich alle Menschen ebenfalls einen würdevollen Tod und plädieren auf ein „Recht auf einen würdevollen Tod". Der kath. Theologe Hans Klüng präzisiert diese Aussage, indem er sagt, dass menschenwürdiges Sterben dann garantiert ist, wenn man den Zeitpunkt seines Todes selbst wählen darf.[77]

In der heutigen Gesellschaft verblasst aber zunehmend der Absolutheitscharakter der Menschenwürde. Dabei muss man seinen Anspruch an die Menschenwürde als absolut ansehen, sonst besteht die Gefahr, dass man Dritten eine Verfügungsgewalt zubilligt, die letztendlich das Ende der Selbstbestimmung eines Menschen bedeutet.[78]

Wie ist also ein Sterben in Würde in der heutigen Gesellschaft möglich? In einer Gesellschaft, die von medizinischen Möglichkeiten bis ins Utopische reicht. In einer Zeit, in der man durch Möglichkeiten der medizinischen Diagnoseverfahren sein jähes Ende schon Jahre zuvor in Aussicht hat. In einer Zeit, in den Medien für einen Körper-, Jugend- und Fitnesskult

---

[75] Beckmann (2004), 219ff.
[76] Anm.: griech. = heteros: anders; nomos: Gesetz; Fremdbestimmung.
[77] Spaemann (2004), 107.
[78] Böhr (2004), 22f.

werben und fast vergessen lassen, dass es Schmerzen, Krankheiten, Leid und den Tod noch geben. Und dass aber genau das zum Leben gehört. Man muss sich darüber klar werden, dass der Tod von der menschlichen Existenz nicht trennbar ist.[79]

### 2.3.3.5 Der ärztliche Kodex (Teil 2)

Wie bereits in Kapitel 2.2.1.2 aufgezeigt wurde, hat die Ärzteschaft in Bezug zur Sterbehilfe mit einem Gewissenskonflikt zu kämpfen. Der Spagat zwischen dem allgemeinen ärztlichen „Berufsethos", dem Hippokratischen Eid und ihrem Gewissen stellt eine große Hürde dar.

Die deutsche Ärzteschaft ist überwiegend der Meinung, dass es keinen Unterschied zwischen aktiver Sterbehilfe und ärztlich assistiertem Suizid gibt. Als Arzt stellt man sich die Frage, ob jemand das Recht für sich in Anspruch nehmen kann, getötet zu werden.

In der Präambel zu den Grundsätzen der Bundesärztekammer zur ärztlichen Sterbebegleitung steht geschrieben: „Aktive Sterbehilfe ist unzulässig und mit Strafe bedroht, auch dann, wenn sie auf Verlangen des Patienten geschieht. Die Mitwirkung des Arztes bei der Selbsttötung widerspricht dem ärztlichen Ethos und kann strafbar sein."

Die Begründung des ärztlichen Ethos liegt im Eid des Hippokrates, auf den sich auch noch Jahrhunderte nach seiner Formulierung (4. Jahrhundert v. Chr.) Ärzte im abendländischen Raum berufen, wie auch das jetzt gültige Genfer Gelöbnis des Weltärztebundes: „[...] [I]ch will weder

---

[79] Arnold (2004), 30.

irgendjemanden ein tödliches Medikament mitgeben, wenn ich darum gebeten werde, noch will ich in dieser Hinsicht einen Rat erteilen. Ebenso will ich keiner Frau ein abtreibendes Mittel geben. In Reinheit und Heiligkeit will ich mein Leben und meine Kunst bewahren [...]."

In Deutschland wird Euthanasie im Sinne einer aktiven Sterbehilfe durch Tötung und auch der ärztlich assistierte Suizid von der Ärzteschaft weitgehend abgelehnt. Gründe für diese Ablehnung stellen einerseits die Gefahr des Missbrauchs dar. Die Ärzte haben Angst, dass ein Todeswunsch nicht genügend überdacht wird. Andererseits besteht der ärztliche Auftrag darin, „Gesundheit zu erhalten, Krankheiten zu heilen, Leiden zu lindern, Trost zu spenden, nicht aber zu töten." [80]

## 2.4 Einblick in die philosophische Sicht zum Thema Suizid und Suizidbeihilfe

Die Verurteilung des Suizids entspricht einer großen philosophischen Tradition. Sie reicht von Sokrates über Spinoza und Kant bis hin zu Wittgenstein.

Sokrates sieht im Leben eine Aufgabe, die wir uns nicht selbst stellen und der wir uns auch nicht selbst entziehen dürfen. Genau so wenig, wie wir darüber entscheiden können, ob wir in diese Welt eintreten, so wenig wird uns auch der Sinn des Lebens offengelegt. Er führt aus, „daß wir Menschen in einer Art von Gewahrsam seien und man sich nicht selbst daraus

---

[80] Hoppe (2006), 80f.

lösen und davonlaufen solle, [...] daß die Götter unsere Hüter sind und wir Menschen zum Besitz der Götter gehören."[81]

Die Schule der Stoa ist um 300 v. Chr. der bedeutendste „Freitod-Protagonist" des Altertums:

Laut stoischer Philosophie soll man das moralisch gute Leben genießen und nach strenger Tugendlehre dem Weg zum Glück entgegengehen. Die Stoiker haben laut Diogenes Laertius, eine moralische Prämie auf den Selbstmord gesetzt. Wer möchte schon anderen zur Last fallen? Wer freiwillig aus dem Leben scheidet, tut das mit dem guten Gewissen, dem Vaterland, seiner Familie oder seinen Freunden gegenüber seine Pflicht zu erfüllen. Das Ideal der stoischen Weisen begreift sich als Vernunftsubjekt, das völlig frei von Gefühlen ist. Gefühle stehen nur dem Menschen als endliches Wesen zu. Der Selbstmord wird sogar nach stoischer Weisheit angeraten, wenn seine reine Vernunftautonomie durch biologische Beeinträchtigung gefährdet ist.[82] Das irdische Leben an sich stellt für sie keinen Wert dar, sondern die Art des Todes ist entscheidend für die nachträgliche Beurteilung eines individuellen Lebenslaufes.[83]

Sehr deutlich für den Suizid spricht sich hingegen Friedrich Nietzsche aus, der sich auch in seinem Werk *Also sprach Zarathustra* mit dem Suizidthema beschäftigt. Im Idealfall kommt der Tod nicht herangeschlichen, sondern der Mensch entscheidet selbst über seinen „Abgang": „ ‚Stirb zur rechten Zeit!' Die ‚faulen Äpfel' solle man nicht so lange an den Bäumen hängen lassen, bis der Wind sie herabstößt."[84]

---

[81] Lind (1999), 24.
[82] Spaemann (2004), 109.
[83] Lind (1999), 25.
[84] Eibach (2004), 123.

## 3. Selbstbestimmt sterben? - Ein theologisches Gespräch

„Wenn es keinen Gott gibt, dann ist alles erlaubt."?[85]

Dostojewskis Aussage verweist auf die Gottes- Abhängigkeit der Moral des Menschen. Unsere Gesellschaft ist von einem theologisch-ethischen Weltbild geprägt. Wenn es um Leben und Sterben geht, kommt man nicht an kirchlich-theologischen und theologisch-ethischen Überlegungen vorbei.

Dass Sterben zum Leben gehört, war in früheren Zeiten wohl stärker im Bewusstsein der Menschen, begegnete ihnen der Tod doch viel früher – oft mitten im Leben – direkter und häufiger als uns. Die Bibel nimmt solche Erfahrungen auf, sie weiß, dass viele Farben das Leben eines Menschen bestimmen, und da gehört das Sterben als die wichtige letzte Phase ganz normal in den Lebenskreis mit hinein.

„Ein jegliches hat seine Zeit,
und alles Vorhaben unter dem Himmel hat seine Stunde:
geboren werden hat seine Zeit, sterben hat seine Zeit,
weinen hat seine Zeit, lachen hat seine Zeit,
klagen hat seine Zeit, tanzen hat seine Zeit,
suchen hat seine Zeit, verlieren hat seine Zeit,
behalten hat seine Zeit, wegwerfen hat seine Zeit,
schweigen hat seine Zeit, reden hat seine Zeit..."[86]

Der Tod gehört zum Leben. Und dennoch haben Menschen zu allen Zeiten versucht, diesen schmerzlichen Aspekt ihrer

---

[85] Vgl. Dostojewski (in: Goertz, Stephan/ Klöcker, Katharina: Ins Gespräch gebracht, Theologie trifft Bioethik, Ostfildern 2008)
[86] Koh. 3,1-7.

Wirklichkeit zu verdrängen. Die Bibel fordert den Menschen dazu auf, sich mit dem Tod abzufinden und sich schon mit der Endlichkeit des Lebens konfrontiert zu fühlen:

„Lehre uns bedenken, dass wir sterben müssen, damit wir klug werden."[87]

Auch die derzeitig medienwirksame Debatte um das Thema „Sterbehilfe" werden besonders Kirchen herausgefordert Stellung zu beziehen.

Wie stark ist die theologische Position in der Sterbehilfe-Debatte? Welche Rolle spielen Gott, der Glaube und die Bibel, wenn es um das selbstbestimmte Lebensende geht? Akzeptiert Gott meine Entscheidung und meinen eigenen Willen, wenn ich nicht mehr leben möchte?

Im folgenden Kapitel werde ich das Thema der Suizidbeihilfe und des Suizids unter theologischen Gesichtspunkten beleuchten.

### 3.1 Welche Position nimmt die Kirche zum Thema Suizid und Suizidhilfe ein?

Die katholische Kirche lehnt sowohl die Tötung als auch die Selbsttötung aus sozialen Gründen ab. Man habe die Verpflichtung zur Gerechtigkeit und Liebe gegenüber seinem Nächsten und der Gesellschaft. Suizid ist ein Verbrechen am sozialen Umfeld. Der Tod ist etwas gänzlich Passives. Er geschieht nicht durch eigene Hand, sondern man soll sich auch im Tod auf Gott verlassen können.[88]

---

[87] Vgl. Ps. 90,12.
[88] Frieß (2010), 74.

In den vergangenen Jahren hat sich aber auch eine partiell vorurteilsfreiere kirchliche Haltung herauskristallisiert. Die Kirchen sind weitgehend der Meinung, dass Selbstmord immer auch als ein Abschluss schwacher Entwicklung, d. h. durch psychische bedingte Tiefpunkte oder kurzfristiger Glaubenszweifel, gesehen werden kann und somit nicht aus freiem Willen geschehe[89]

Zur Thematik gibt es einige Texte, wie die Enzyklika „Evangelium vitae" (1995), der Katechismus der katholischen Kirche (1993), sowie eine Bestimmung der Kongregation für die Glaubenslehre über Euthanasie (1980). Die Schweizer Bischofskonferenz gab 2002 ein Pastoralschreiben über die Würde des Menschen heraus. Es nimmt u. a. Bezug auf die oben erwähnten Dokumente. Beachtenswert ist das im Jahr 2003 von der Deutschen Bischofskonferenz (DBK) und dem Kirchenamt der Evangelischen Kirche in Deutschland (EKD) gemeinsam herausgegebene Dokument mit dem Titel „Sterbebegleitung statt Sterbehilfe". Dabei handelt es sich um eine Textsammlung der katholischen Kirche und der Evangelischen Kirche in Deutschland. Der Begriff „Sterbebegleitung" wird hierbei nicht als Hilfe zum Sterben verstanden, sondern als Hilfe beim Sterben. Die Textsammlung verdeutlicht, dass auf der Basis des christlichen Menschenbildes jede aktive Sterbehilfe, inbegriffen der Selbsttötung und der Beihilfe zur Selbsttötung, abzulehnen ist.[90]

In „Evangelium vitae" schreibt Papst Johannes Paul II. zum Thema „Beihilfe zum Suizid":

---

[89] Haller/Lingg (1987), 245.
[90] Graf (2006), 218.

„Die Selbstmordabsicht eines anderen zu teilen und ihm bei der Ausführung durch die sog. ‚Beihilfe zum Selbstmord' behilflich zu sein heißt Mithelfer und manchmal höchstpersönlich Täter eines Unrechts zu werden, das niemals, auch nicht, wenn darum gebeten werden sein sollte, gerechtfertigt werden kann."[91]

Das Selbstbestimmungsrecht stößt an seine Grenzen.

Unter dem Ratsvorsitzenden Wolfgang Huber sprechen die katholische Kirche und die evangelischen Kirchen Deutschlands ihre kooperative ablehnende Position gegenüber dem ärztlich assistierten Suizid aus. Es gebe keinen Diskussionsspielraum, wenn es um dieses Thema gehe. Es sei eine Form der Sterbehilfe, die für Christen ausnahmslos unannehmbar sei. Sie warnen sogar vor dem Ende der Achtung vor dem Leben des Einzelnen, wenn die Legalisierung des assistierten Suizids in Kraft tritt.[92] Darüber hinaus sehen sie in dem Wunsch des Sterbens nur einen Hilfeschrei – ein Schrei nach Begleitung und Nähe. Es sei kein freiwilliger Wunsch, sondern resultiere allein aus der Angst des „Sich-Aufdrängens" und des Alleinseins. Deshalb rufen die deutschen Kirchen dazu auf: „Nicht Töten, sondern besuchen und ganzheitlich pflegen!" Es müsse daher ein Klima geschaffen werden, in dem sich Kranke, Behinderte und Alte willkommen fühlen und weniger als eine Last für die Gesellschaft bzw. für ihre eigene Familie. Die bessere Hilfe stelle die palliative Begleitung dar, bei der sie sich wieder wohl und geborgen fühlen.[93]

---

[91] Vgl. Johannes Paul II. (1995): Nr.66.
[92] Frieß (2010), 63.
[93] Frieß (2010), 66f.

## 3.2 Die Heiligkeit des Lebens

Die Lehre *Heiligkeit des Lebens* nach Helga Kuhse beinhaltet zwei fundmentale Glaubenssätze: die Unverletzlichkeit jedes menschlichen Lebens und der gleiche Wert aller menschlicher Leben.

Der erste Glaubenssatz wird auch die „strenge" Lehre von der Heiligkeit des Lebens genannt, der zweite nennt sich die „weniger strenge" Lehre von der Heiligkeit des Lebens.

Gemäß der „strengen" Lehre von der Heiligkeit des Lebens ist unschuldiges, menschliches Leben unter allen Umständen und mit allen verfügbaren Mitteln am Leben zu halten. Soweit es um die Unverletzlichkeit des menschlichen Lebens geht, ist es gänzlich verboten, menschliches Leben zu beenden. Auch wenn es aus Gründen des Mitleids geschehen soll. Es ist also nicht nur verboten, jemanden absichtlich zu töten, sondern es ist auch verboten, jemanden absichtlich sterben zu lassen. Nach Helga Kuhse kann man für „jemand" auch die eigene Person einsetzen. Daher ist es absolut verboten, sich selbst absichtlich zu töten, als auch sein eigenes Leben absichtlich nicht zu verlängern.

Laut der „weniger strengen" Lehre von der Heiligkeit des Lebens ist es zwar verboten, sein eigenes Leben und das anderer mutwillig zu beenden, jedoch ist es unter bestimmten Umständen und Kriterien erlaubt, sein Leben nicht zu verlängern.[94]

Die Theorie der Heiligkeit des Lebens von Helga Kuhse zeigt, dass sie rein theologische Begründungen des Wertes von Leben als Grundlage allgemeiner Gesetzgebung verwirft. Sie

---

[94] Kuhse (1990), 75ff.

begrenzt sich auf die Heiligkeit des Lebens vom Standpunkt des medizinischen Handelns. Sie befürchtet, dass man durch das Töten von Personen auf radikale Weise ihre Interessen, Wünsche und Präferenzen übergehe und die Person seiner Umsetzungsmöglichkeiten beraube.

### 3.3 „Du darfst (dich) nicht töten"?

„Mit dem Tötungsverbot ist festzuhalten: das Leben des Menschen ist ein fundamentales Gut. Töten ist zuerst einmal radikal nicht erlaubt. Ausnahmen von diesem Verbot bedürfen der Rechtfertigung. Beim Morden geht es um ein Töten ohne Rechtfertigung."[95]

Der katholische Theologe Dietmar Mieth hat die Verschiedenheit der Auslegung des Tötungsverbots aufgegriffen. Die Auslegung des biblischen Gebots (Ex 20, 13, vgl. Ex 21, 12) unterliegt daher mehreren Unterscheidungen: töten als moralisch-indifferente Handlung mit Todesfolge, totschlagen als spezifische Handlung und morden als moralisch verwerfliche Tötungshandlung.[96]

Der bedeutendste Moralist des Selbstmords, Augustinus von Hippo (354-430), vertritt in seinem Werk "De civitate Dei" (dt. Vom Gottesstaat) (Buch 1, Kap. 20) die These, dass das fünfte Gebot Gottes nicht nur für die Fremdtötung gilt, sondern gleichsam für die Selbsttötung: „Wer sich selbst tötet, tötet auch einen Menschen". In seinen Augen ist das Gebot eine

---

[95] Vgl. Mathwig (2010),114.
[96] Ebd.

göttliche Offenbarung, die nicht als Ausführung praktischer Vernunft gelten kann.[97]

Martin Luther (1483-1546) gab ebenfalls seine Position zur suizidalen Handlung des Menschen preis. Er sieht den Selbstmord als böses Werk des Satans an und will, dass die Tat, nicht aber das Opfer, verurteilt wird. In einem Brief an Friedrich Mykonius schreibt Luther über den Selbstmord einer Frau, die er nicht verdammen könne. Sie sei vom Teufel getötet und wie ein Reisender von einem Räuber überfallen worden.[98] Ein anderes Beispiel zeigt ein ungnädigeres Bild Luthers. In der Weimarer Ausgabe wird eine Tischrede Luthers überliefert, in der er fordert, ein in Dessau lebendes 12-jähriges behindertes Kind zu ersaufen, weil es vom Teufel besessen sei und keine Seele besäße.[99] Luthers Position zum 5. Gebot lässt sich hier nicht eindeutig entnehmen. Einerseits willigt er der Tötung eines behinderten Kindes ein, andererseits zeigt er eine Art „Mitleid" mit einer vom Teufel besessenen Frau.

Beinhaltet das Tötungsverbot jedoch wirklich den selbst herbeigefügten Tod? Die jüdisch-mosaischen, christlichen, moslemischen und hinduistisch-buddhistischen Glaubenslehren lehnen die Selbsttötung weitestgehend ab. Doch gibt es Ausnahmen, bei denen es zugelassen werden könne, wie zum Beispiel zur Verbreitung des Glaubens oder um einer schweren Sünde zu entgehen. Das Alte Testament zeigt in seiner Folge fünf Selbstmordberichte. Diese werden weder verurteilt, noch gutgeheißen. Sie werden in neutraler Erzählform dargelegt.[100]

---

[97] Birnbacher (1990), 396.
[98] Haller/Lingg (1987), 245.
[99] Schardien (2007), 65.
[100] Haller/Lingg (1987), 238.

Im Folgenden werde ich zwei alttestamentliche Selbstmorde zur beispielhaften Darstellung offenlegen.

Im Samuelbuch bittet der bereits schwer verwundete Saul seinen Waffenträger, ihn umzubringen. Er befürchtet, in die Hände seiner Feinde zu gelangen und einen „unehrenhaften" Tod zu erleiden. Saul bittet faktisch um Suizidbeihilfe, welche aber von seinem Waffenträger aus Furcht und Skrupeln verweigert wird. Daraufhin stürzen sich beide nacheinander in ihr Schwert. Trotz suizidaler Handlung Sauls findet ein großes und festliches Begräbnis mit Salbung und Trauerriten statt.

Im Buch Richter wird jedoch eine ähnliche Geschichte erzählt, die eindeutig als Sündentat verurteilt wird. Abimelech bittet ebenfalls seinen Waffenträger, ihn zu töten. Zuvor wurde er von einer Frau, die absichtlich einen Stein nach ihm warf, am Kopf verwundet und leidet unter seinen unerträglichen Schmerzen. Außerdem möchte er der Schande entgehen, an der von einer Frau zugefügten Verletzung zu sterben. Sein Waffenträger befolgt seinen Wunsch. Der darin erfolgte Suizid gilt als nicht legitim, sondern als Konsequenz sündigen Lebens. Abimelech wird daraufhin nicht begraben, sondern sein Leichnam wird sogar einfach liegen gelassen. Sein vorzeitiger, „schlechter" und schmerzhafter Tod wird als Gottes Vergeltung für Abimelechs böse Taten zu Lebzeiten begriffen. Fraglich ist, ob die dargestellten Beispiele suizidaler Handlungen im Alten Testament für die Debatte um die Suizidbeihilfe relevant sind. Denn die genannten Suizidfälle spielen sich außerhalb der Gottesbeziehung ab und deuten allein auf eine Ehrenrettung hin. Der Wunsch zu sterben wird in beiden Beispielen „als Klage in der Not und als Hoffnung auf die Möglichkeit zur Flucht vor dem Leiden vor Gott" betrachtet. Zumindest Sauls suizidaler Akt müsse als Ausnahme von dem üblichen Umgang mit Selbstmördern angesehen werden. Es muss daher von einer radikalen Interpretation des Tötungsverbots und der Argumentation der Heiligkeit des Lebens abgelassen werden.[101]

Nach dem Alten Testament ist überdies allgemein zwischen einem vorzeitigen, gewalttätigen Tod und einem „guten" Alterstod zu unterscheiden. Der vorzeitige Tod gilt als Feind und wird als besonders grausam erachtet.[102]

Nach katholischer Auffassung ist das kulturelle Zusammenleben der Menschheit und die Rechtsordnung gefährdet, wenn man von dem Tötungsgebot abweicht, also eine suizidale Handlung begeht. Das Umfeld des Täters schädigt sein soziales Umfeld und wird als Selbstentwertung und Ablehnung Gottes verstanden. So ist der suizidale Akt im Zuge der Euthanasie nicht nur ein Verstoß gegen das Gesetz Gottes, sondern auch ein Delikt gegen die Humanität und die Leitlinien unserer rechtsstaatlichen Ordnung. Es besteht die Gefahr der Auflösung der sittlichen und der rechtlichen Ordnung, wenn man Tötung von Unschuldigen erlaubt. Darüber hinaus müsse man die Billigung der Tötung psychisch Kranker und Behinderter befürchten.[103]

## 3.4 Sind mein Leben und mein Leib Geschenk und Leihgabe Gottes?

Das Leben und der Körper eines Menschen erscheinen als Gottes zeitlich begrenzte Leihgabe. Durch den Tod wird ihm diese Leihgabe von Gott wieder abgesprochen. Nur Gott allein

---

[101] Schardien (2007), 49f.
[102] Vgl. Jes 38,10.12; 2 Sam 12,23; Hi 7,9f; Ps 115,17.
[103] Frieß (2010), 74.

tötet und macht lebendig (1 Sam 2,6). Der Mensch ist in seiner Leiblichkeit zum Ebenbild Gottes erschaffen (Gen 1,27). Aus diesen Bibelstellen ergibt sich die Theorie von der Heiligkeit des Lebens, die das menschliche Leben, d. h. das irdische Leben, als unantastbar begreift.[104] Denn nur der Leib ist räumliche und zeitliche Grenze des kreatürlichen Lebens. Außerhalb des Leibes gibt es kein irdisches Leben mehr. Denn der Leib löst sich mit dem Tod gleichsam mit dem irdischen Leben auf.[105]

„[D]as Leben ist ein dem Menschen von Gott gewordenes Geschenk und der Gewalt dessen unterworfen, ‚Der tötet und lebendig macht' [Vgl. Dtn 32,39]. Wer sich daher selbst das Leben nimmt, sündigt gegen Gott; wie der, der einen fremden Sklaven tötet, gegen den Herrn sündigt, dem der Sklave gehört; und wie der sündigt, der sich eine Entscheidung anmaßt über seine Sache, die ihm nicht übertragen ist. Gott allein also steht die Entscheidung zu über Leben und Tod, nach Dtn 32,39: ‚Ich bin es, der tötet und lebendig macht'."[106]

Thomas von Aquin (1225-1274) weist auf die Abhängigkeitsbeziehung zwischen Gott und dem Menschen hin. Das Leben des Menschen ist demnach von Gott ermöglicht, geschenkt und erhalten worden.[107]

Nach Johannes Calvin (1509-1564) verfügt Gott allein über das Leben, das Sterben und den Tod. Dies gilt für des Menschen Leib, als auch für seine Seele: „Nichts ereignet sich, es sei denn, Gott habe es in seinem weisen Rat bestimmt. Er ist der Kommandant des Schiffes, der das Steuerruder hält, um nach seinem Willen alle Ereignisse zu

---

[104] Haller/Lingg (2007), 41f.
[105] Mathwig (2010), 107.
[106] Vgl. Thomas von Aquin ST, II-II, q 64, 5. [In: Beestermöller (2000), 58].
[107] Schardien (2007), 89.

lenken."[108] Jedoch sieht Calvin in seiner Formulierung keine Einschränkung der Freiheit des Menschen. Denn ohne die Bindung an Gott wären die Freiheit und natürlich das Leben undenkbar. Der Mensch soll sein Leben als gute Schöpfergabe ehren und es verantwortungsvoll behandeln. Durch des Menschen Gottesfurcht darf diese Gabe unter keinen Umständen – auch nicht in Zeiten des Leidens oder der Schmerzen – verstoßen werden.[109]

Nach Dietrich Bonhoeffer (1906-1945) habe jeder Mensch ein Recht auf den Schutz seines leiblichen Lebens vor willkürlicher Tötung. Mit Willkür sei die vorsätzliche Tötung unschuldigen Lebens gemeint. Jedoch gebe es in wenigen Fällen das Recht und die Pflicht, aus der sich die Opferung seines Leibs billigen lasse. Der Leib sei nicht als Kerker der Seele gedacht, somit sei der Leib kein bloßes Mittel zum Zweck. Aber weil der Körper auch Zweck an sich sei, bestehe ein Recht auf leibliche Freuden: „Wo einem Menschen die Möglichkeit leiblicher Freuden genommen wird, indem sein Leib ausschließlich als Mittel zum Zweck gebraucht wird, dort findet ein Eingriff in das ursprüngliche Recht leiblichen Lebens statt."[110]

Im Gegensatz zum Tier dürfe sich der Mensch in Bezug zur suizidalen Handlung als eine Existenz ansehen, die über die leibliche Existenz hinausgeht und dadurch auch die Möglichkeit habe, sich aus dieser leiblichen Existenz zu befreien. Bei Krankheit, Leid und Schmerzen, wenn der Mensch keinerlei leibliche Freuden mehr habe und er seinen Körper nur noch um des Lebens Willen am Leben halte, so missbrauche der Mensch seinen Körper. Bonhoeffers

---

[108] Vgl. Benoit J-D (1960), 6. [In: Schardien (2007), 102.].
[109] Schardien (2007), 102f.
[110] Bonhoeffer (1985), 165ff.

Aussage bezieht sich jedoch nicht auf einen gläubigen Christen, sondern ausschließlich auf die Selbstrechtfertigung der atheistischen Ethik. Begehe man Suizid, um sein Leben zu rechtfertigen durch schwere Schuld oder nach Verfehlung, beachte nicht, dass Gott selbst in Zeiten des Scheiterns hinter einem stehe. Man solle das gute Motiv erkennen, wenn sich ein schwer Erkrankter sich von seiner Last befreien möchte, und sich jeglichem Urteil von menschlicher Seite entziehen. Denn vor Gott bleibe der Suizid immer noch Sünde, weil er ein Versuch der Selbstrechtfertigung sei, der niemals Erfolg haben werde. So kommt Bonhoeffer zu dem Schluss: „Gott hat sich das Recht über das Ende des Lebens selbst vorbehalten, weil nur er weiß, zu welchem Ziel er das Leben führen will. [...] Vor ihm wird Selbstrechtfertigung zur Sünde schlechthin und darum auch der Selbstmord. Es gibt keinen anderen zwingenden Grund, der den Selbstmord verwerflich macht als die Tatsache, daß es über dem Menschen einen Gott gibt. Diese Tatsache wird durch den Selbstmord geleugnet."[111]

Bonhoeffer verwirft ein moralisches Argument zur Rechtfertigung des Selbstmordes und plädiert eigens für das religiöse Argument, welches ausschließlich für den Gläubigen von Bedeutung sein kann. Erst wenn man wie Bonhoeffer davon ausgeht, dass das Leben eine unverfügbare Gabe und ein Geschenk Gottes ist, wird die Selbsttötung zu einer Mordtat. Der suizidale Akt wird somit zu einem Unrecht gegen Gott. Wenn es nach Bonhoeffer geht, würde William Traynor als ungläubiger Mensch[112] von einer Beurteilung Gottes und der Sünde freigesprochen.

---

[111] Ebd., 179.
[112] Anm.: William Traynors Verhalten und Charakterzüge weisen keinerlei Anhaltspunkte auf, die ihn einen gläubigen Christen bezeichnen lassen könnten.

## 3.5 „Dein Wille geschehe"[113]?

Wessen Wille soll nun geschehen? Soll dein oder mein Wille geschehen? Darf ich sterben, wie ich will? Oder gibt es Grenzen meiner Selbstbestimmung?

Aufgrund des christlichen Menschenbildes ist deutlich geworden, dass Gottes Wille geschehen soll. Auch wenn es in manchen Fällen schwer fällt, sich vehement dem Willen Gottes aufzuopfern. „Dein Wille geschehe" nimmt eine völlig andere Bedeutung an, wenn jegliche Transzendenz des Menschen ausgeklammert wird. Genau dann ist die Gefahr sehr groß, dass an die Stelle Gottes ein anderer Mensch mit seinem eigenen und individuellen Willen tritt. Dieser Wille stimmt in Bezug zur Sterbehilfediskussion in der Regel nicht mit dem Willen Gottes überein.

„Dein Wille geschehe" bedeutet im christlichen Sinn, dass dem Leidenden geholfen wird, sich am Ziel seines Daseins einzurichten und mit dem Glauben an die Auferstehung und dem ewigen Leben zu verbinden. Denn diesen Glauben und die Hoffnung wurde durch Jesu Liebe am Kreuz erst ermöglicht. Aus Liebe zu den Menschen hat er gelitten und dem Dasein des Menschen einen Sinn gegeben. Dieser Sinn geht über das Irdische hinaus.[114]

„Mit dem Leiden unheilbar kranker Menschen und Behinderten sowie der Agonie der Sterbenden werden wir immer Mühe haben und sie wird ein Geheimnis bleiben, das zum Leben des Menschen gehört."[115]

---

[113] Vgl. Mt 6,10; Mt 26,42.
[114] Graf (2006), 228.
[115] Johannes Paul II.: 1984: Nr. 31.

Wir wurden von Jesus Christus erlöst. Sein Leiden am Kreuz und seine Auferstehung zeigen seine Macht über den Tod hinaus. Dem Kranken, dem Leidenden, dem Alten schenkt es die Hoffnung, dass der Tod nicht das endgültige Ende ist, sondern wir uns über ein ewiges Leben erfreuen dürfen.[116]

## 3.6 Was bedeutet mein Leid und muss ich es ertragen?

Auch wenn Gott uns als letztes Geschöpf vor der Sabbatruhe erschaffen hat und dem Menschen dadurch eine besondere Hoheit zuschreibt, ist der Mensch als ein Geschöpf seiner Vergänglichkeit bestimmt. Das Sterben und Leiden sind Bestandteile des Lebens und werden somit vorausgesetzt.[117]

Vor allem von katholischer Seite wird argumentiert, dass dem Leiden des Menschen eine positive Bedeutung zugeschrieben werden müsse. Denn die Wesensmerkmale kreatürlichen Lebens seien Begrenztheit, Verletzlichkeit und Gebrechlichkeit. Nicht nur Lebenskraft und Gesundheit sind von besonderer Wichtigkeit für das Gelingen eines schönen Lebens, sondern auch Schmerz und Leid. Durch das Leid erhalte der Mensch als vollendetes göttliches Geschöpf ein hohes Maß an persönlicher Reifung und mache das Sterben zu seiner letzten großen Lebensaufgabe, die ihm nicht selbst abgenommen werden könne.[118]

Des Weiteren werde dem Gläubigen ein neuer Sinn durch sein Leiden eröffnet. Denn dem Schmerz wird eine besondere Bedeutung im Heilsplan Gottes zugeschrieben. Gott gebe Anteil am Leiden Christi und verbinde den Menschen mit dem

---

[116] Graf (2006), 228.
[117] Schardien (2007), 40f.
[118] Frieß (2010), 68.

erlösenden Opfer, das Christus im Gehorsam gegen den Willen des Herrn dargebracht habe. Dieser neue Sinn, der dem Gläubigen daraus gewonnen werde, sei die Erkenntnis, dass der eigene Tod zum letzten Gehorsamsakt und zur freiwilligen Hingabe an den Herrn werde. Das Leid wird in diesem Kontext zu etwas Gutem: „Auf diese Weise wird der, der sein Leiden im Herrn lebt, ihm vollkommener ähnlich […] und hat zutiefst teil an seinem Erlösungswerk für die Kirche und die Menschheit." Einigen gläubigen Christen ist es wichtig, im Zuge der indirekten Sterbehilfe auf Schmerzmittel zu verzichten, um den Heilsplan Gottes mit vollem Bewusstsein zu erleben. Doch sollte diese heroische Haltung nicht generalisiert werden und schon gar nicht von jedem glaubensstarken Christen verlangt werden. Die niederländisch-reformierte Kirche Hervormde Kerk[119] unterscheidet zwischen (1.) dem Leiden, welches natürliche und menschliche Ursachen hat, und (2.) dem Leiden, das ein Mensch beabsichtigt duldet, um sich in der Gemeinschaft mit Jesu Christi Leiden zu fühlen. Schwer kranke und leidende Menschen, die im Zuge der Euthanasie ihr Leben beenden wollen, zählen zu der ersten Gruppe des Leidens. Es ist von großer Bedeutung, dass gläubige Christen nicht denken, dass ihnen ihr Leid nach dem Sündenfall zugeschrieben worden ist im Sinne einer persönlichen Zurechenbarkeit. Persönliches Leid ist keine Strafe Gottes und muss nicht demütig getragen werden. Auch, wenn das Leiden eine Herausforderung an denjenigen stellt. Christen ist es möglich, ihr Leiden als sinnlos anzuerkennen. Sie müssen es nicht direkt mit dem Leiden Christi verbinden. [120]

---

[119] Anm.: niederländisch-reformierte Kirche (Nederlandse Hervormde Kerk, abgekürzt NHK) war bis 2004 die größte evangelische Kirche der Niederlande.
[120] Frieß (2010), 69.

## 3.7 Vor welcher Herausforderung steht die Kirche?

Die Herausforderung der Kirche besteht darin, sich einer stetigen Diskussion um das Thema der Sterbehilfe und dem assistierten Suizid verantworten zu müssen. Denn die Kirche ist allein schon von ihrem Selbstverständnis her dazu aufgefordert, sich für das Leben einzusetzen und das vorherrschende Gesellschaftsbild zu prägen: „Es bleibt [...] die Aufgabe der Kirchen, für eine Kultur der Solidarität mit den Sterbenden einzutreten und die hinter der gegenwärtigen Euthanasiediskussion erkennbare Tendenz zur Individualisierung des Leidens und der Entsolidarisierung zu kritisieren."[121]

Eine weitere Herausforderung sind die inhaltsübergreifenden Aufgaben der Kirche. Die Kirche des 21. Jahrhunderts muss sich neuerdings mit Fragen beschäftigen, mit denen sie vor 100 Jahren noch nicht konfrontiert wurde. In einer Zeit, in der vor allem die Medizin, die Politik und die Wirtschaft von immer neueren Errungenschaften und Erkenntnissen sprüht, muss auch die Kirche etwas mehr medizinischer, politischer und wirtschaftlicher denken.

---

[121] Vgl. Körtner (2002), 17.

## 4. Schluss

Alles Planen und alle Risiken absichern zu wollen, ist Ausdruck von Angst und der Vermessenheit des Menschen, auch über das Unverfügbare herrschen zu wollen. Das vollkommene Vertrauen in Gott bedeutet Mut, ist jedoch Ausdruck eines treuen Christen.[122]

Die zentralen christlichen und ethischen Aussagen im Streit um die Sterbehilfe-Debatte lassen sich wie folgt zusammenfassen:

(1) Die Menschenwürde ist durch Gottes schöpferische und erlösende Kraft am und für den Menschen begründet. Sie ist jedem Augenblick im Leben und Sterben des Menschen zugesprochen. Inhalt der Menschenwürde ist in erster Linie nicht in der Autonomie des Menschen zu finden.

(2) Die Menschenwürde ist keine immanente oder empirische Qualität, sondern ein transzendentes, von Gott gegebenes und unverfügbares Gut, das durch Krankheit, Behinderung oder Leid nicht abhandenkommt. Aus diesem Grund ist es falsch von „lebensunwertem" und „unwürdigem" Leben zu sprechen. Es gibt nur eine menschenunwürdige Behandlung Dritter.

(3) Das Leben ist „verdanktes Leben", Gabe Gottes und der Mensch ist nicht Besitzer seines Lebens. Deshalb habe ich kein uneingeschränktes Verfügungsrecht über mein Leben und habe kein Recht auf Selbsttötung, geschweige denn auf Beihilfe zum Suizid oder gar Tötung auf Verlangen.

---

[122] Vgl. Sekretariat der Deutschen Bischofskonferenz, Erklärung der Kongregation für die Glaubenslehre zur Euthanasie, 9.

(4) Falsch ist es, wie zunehmend Philosophen und Juristen behaupten, dass zur schützenden Autonomie und Würde des Menschen das Recht gehört, über den Wert bzw. Unwert des Lebens urteilen zu dürfen und dass die Möglichkeit mehrerer Optionen am Lebensende diese Entscheidungs- und Handlungsautonomie der entscheidende Inhalt der Menschenwürde ist.

Das Thema des Suizids und der Suizidbeihilfe ist ein sensibles und komplexes Thema, das viele ungeklärte Fragen aufwirft. Meine Darlegungen haben zum Ausdruck gebracht, dass sich diese Fragen nicht einfach mit ja oder nein, richtig oder falsch, beantworten lassen. Das Thema der Sterbehilfe ist in einem viel komplizierteren Geflecht von Für und Wider zu betrachten. In meiner Arbeit habe ich zentrale Fragen formuliert, die sich mir beim Lesen des Romans *Ein ganzes halbes Jahr* ergeben haben, und nach Antworten gesucht. Ich wollte mir über das Thema der Sterbehilfe, explizit über die Suizidbeihilfe, unter Berücksichtigung verschiedener Perspektiven, ein eigenes Urteil bilden.

Die Lektüre des Romans weckte in mir einerseits ein großes Interesse an der Thematik des assistierten Suizids, andererseits führte er mich in ein wirres Durcheinander von nicht endgültig zu beantwortenden Fragen.

Anfangs ging es mir vielmehr um den Wunsch, dass die tragische Liebesgeschichte ein glückliches Ende findet – William Traynor bekennt sich zu seiner Pflegerin Lou und entscheidet sich für ein Leben mit ihr. Dadurch, dass William sich letztendlich für den Tod entscheidet und in Wirklichkeit nie eine andere Option in Betracht zog, empfand ich als egoistisch. Weshalb stößt er den Menschen vor den Kopf, der ihn so liebt, wie er ist?

Durch das Erarbeiten der tatsächlichen Hauptthematik, nämlich der Diskussion um die Suizidbeihilfe und dessen autonomen Charakter, wurde das Mitgefühl für Williams Entscheidung dominierend. Diese Entscheidung ist nicht egoistisch, sondern resultiert aus dem autonomen Wunsch, so, wie er jetzt lebt, nicht leben zu wollen. Sein Leben ist in diesem Zustand für ihn nicht mehr lebenswert. Für eine Meinungsänderung genügt weder der Rückhalt der Familie noch der Gewinn einer wahren Liebe.

Darüber hinaus sollte man nicht vergessen, dass es William individueller Tod ist, den er stirbt. Es ist immer der eigene Tod, den man stirbt. Und dass genau dieser Individualcharakter des Todes Einzigartigkeit und menschenwürdiges Sterben ermöglicht. Ob ich durch ein „Massensterben" in Hospizen, oder in Sterbehilfeorganisationen, die im schlimmsten Fall noch Profit aus der Sache ziehen, diesen Individualcharakter beibehalten kann, ist fraglich. Denn genau in diesem Punkt bekenne ich mich zu einem moralischen Hinterfragen dieser Organisationen. Fakt ist, dass Dienstleistungen und Medikamente bezahlt werden müssen, wenn ich in dieser Einrichtung Suizidhilfe „beanspruche". Weshalb aber ist ein Mitgliedsbeitrag Pflicht, selbst wenn ich von dieser Organisation abgelehnt werde? Bezahle ich für den Stempel „Ihr Leben ist weiterhin lebenswert! Mit uns dürfen Sie sich nicht umbringen!" oder „Ihr Leben ist nicht mehr lebenswert! Sie dürfen unsere Dienstleistungen in Anspruch nehmen und sterben!"? Genau in diesem Moment hinterfrage ich den Charakter der Selbstbestimmung, wofür sich Organisationen wie EXIT oder DIGNITAS zwar einsetzen, der jedoch meiner Meinung nach völlig abhandenkommt, wenn ich diese Organisationen entscheiden lasse, ob sie mir zum Tod verhelfen oder nicht. Ich möchte mich weder dafür einsetzen, dass von nun an jeder angenommen wird, der sterben möchte, noch jeder abgelehnt wird oder dass gar solche Organisationen verboten werden. Wichtig ist aber, dass das „Geschäft" mit dem Tod keine Profitangelegenheit werden darf nach dem Motto: „Wer mehr bietet, der bekommt auch mehr!"

Wer Suizid und Suizidbeihilfe als ein würdevolles und selbstbestimmtes Sterben erkennt, so sollten sich auch die Organisationen darum kümmern, dass dieses Sterben ebenfalls unter würdevollen Bedingungen abläuft.

Um ein theologisches Gespräch mit dem Roman zu führen, konnte ich bloß auf wenige Stellen im Buch zurückgreifen. Diese Stellen werden jedoch zu kurz angerissen oder sogar direkt verworfen. Williams Mutter ist gläubig und trägt ein Kreuz um den Hals, an das sie sich regelrecht „klammert", wenn es um den Tod ihres Sohnes geht.[123] Als Lou in einem Forum nach Hilfe und Ratschlägen sucht, bewertet sie den Eintrag eines gläubigen Mitglieds des Forums als nicht hilfreich und „scrollte [direkt] zur nächsten Nachricht weiter".[124] Dabei sind, meiner Meinung nach, die theologischen Ansatzpunkte sehr wichtig. Diese sollten gleichermaßen behandelt werden, wie auch die ethischen Argumente. Das gesellschaftliche Menschenbild geht über das ethische hinaus und begreift sich auch als ein theologisch geprägtes Menschenbild. Argumente gegen eine suizidale Handlung verlieren ihre Gültigkeit nicht, auch wenn besonders philosophisch geprägte Argumente diese drohen zu erschüttern.

Das Bild, das viele Menschen mit Kirche verbinden, hat, wie wir in Kapitel 3 gesehen haben, weniger mit Freiheit und

---

[123] Vgl. Moyes (2013), 51 (69, 188).
[124] Ebd., 296.

Selbstbestimmung gemeinsam, sondern ist vielmehr mit Regeln und Dogmen geprägt. Jedoch ist die Freiheit ein grundlegendes Element theologischer Ethik und in biblischen Texten wird sogar deutlich, dass Gott als Befreier auftritt und Menschen zur Freiheit befreit. Eindeutiger Grund menschlicher Freiheit sind die Auferstehung Christi und der Exodus. Gott kann somit als Bedingung der Freiheit angesehen werden, aber nicht in rein transzendenter Art, sondern als erfahrbar und immanent, wie es in der Bibel dargestellt wird. Gott schreibt keine Normen vor, sondern zeigt den Menschen, dass sie für sich selbst verantwortlich sind und für ihre Freiheit. Durch die eigene Vernunft ist es uns möglich, das Gute zu erkennen und das Richtige für uns selbst zu tun.[125]

Meiner eigenen Einschätzung nach, wird der Kampf des Rechts nach Freiheit und nach Autonomie des Menschen unaufhörlich Leitthema der Sterbehilfedebatte sein. Sehr wichtig ist, dass man sich das Recht dazu auch nicht nehmen lässt. So schwer es auch sein mag, für sich selbst oder gar für jemand anderen zu entscheiden, sterben zu wollen, desto dringlicher ist es, an der eigenen Autonomie festzuhalten. In dieser Debatte geht es um viel mehr, als nur um die Anerkennung der eigenen Autonomie. Begriffe wie „Lebenswert" und „Menschenwürde" haben ihren gleichen Rang in dieser Diskussion und streben gleichsam nach Anerkennung.

Eine weitere Öffnung zur Akzeptanz und Toleranz des Sterbewunsches eines lebensmüden Menschen muss meiner Meinung nach von theologischer, ethischer und juristischer Seite künftig gewährleistet werden. Wenn jemand schwerem

---

[125] Vgl. Greis (2009), 138ff.

psychischem und physischem Leid und Schmerzen ausgesetzt ist, sollte nicht mehr darum betteln müssen, aus dem Leben treten zu dürfen, oder gar den viel schmerzhafteren und unsichereren Weg in den Tod zu nehmen durch Selbstmord.

# 5. Literaturverzeichnis

- Abé, Nicola et al: Der moderne Tod, in: Der Spiegel, 6/2014.

- Allgemeine Erklärung der Menschenrechte (AEM): Resolution 217 A (III) der Generalversammlung vom 10.12.1948.

- Arnold, Norbert: Hospizdienste – Sterbebegleitung als Lebenshilfe, in: Beckmann, Rainer et al (Hg.), Sterben in Würde. Beiträge zur Debatte um Sterbehilfe, Krefeld 2004, 29-42.

- Beckmann, Rainer/ Löhr, Mechthild/ Schätzle, Julia (Hg.): Sterben in Würde, Beiträge zur Debatte über Sterbehilfe, Krefeld 2004.

- Beckmann, Rainer: Gibt es ein „Recht auf selbstbestimmtes Sterben?" In: Ders. et al (Hg.): Sterben in Würde, Beiträge zur Debatte um Sterbehilfe, Krefeld 2004, 205-231.

- Beestermöller, Gerhard: Theologie und Frieden, Thomas von Aquin und der gerechte Krieg, Friedensethik im theologischen Kontext der Summa Theologiae, Köln 2000.

- Birnbacher, Dieter: Selbstmord und Selbstmordverhütung aus ethischer Sicht, in: Leist, Anton: Um Leben und Tod, Moralische Probleme bei Abtreibung, künstlicher Befruchtung, Euthanasie und Selbstmord, Frankfurt a. M. 1990, 395-420.

- Böhr, Christoph: Menschenwürde und Sterbehilfe, in: Beckmann, Rainer et al (Hg.), Sterben in Würde. Beiträge zur Debatte um Sterbehilfe, Krefeld 2004, 21-28.

- Bonhoeffer, Dietrich: Ethik, München 1985.

- Diekstra, René/ McEnery, Gary: Der letzte Ausweg?, Denkanstöße für Selbstmordgefährdete, Hamburg 1992.

- Durkheim, Emile: Der Selbstmord, Neuwied und Berlin 1983.

- Eibach, Ulrich: Aktive Sterbehilfe und Beihilfe zur Selbsttötung – ein Menschenrecht?, in: Beckmann, Rainer et al (Hg.), Sterben in Würde. Beiträge zur Debatte um Sterbehilfe, Krefeld 2004, 119-143.

- EXIT – Deutsche Schweiz: Selbstbestimmung im Leben und im Sterben, Zürich/ Schweiz 2007.

- Frieß, Michael: Sterbehilfe, Zur theologischen Akzeptanz von assistiertem Suizid und aktiver Sterbehilfe, Stuttgart 2010.

- Goertz, Stephan/ Klöcker, Katharina: Ins Gespräch gebracht, Theologie trifft Bioethik, Ostfildern 2008.

- Göring-Eckardt, Katrin (Hg.): Würdig leben bis zuletzt, Sterbehilfe – Hilfe beim Sterben – Sterbebegleitung – Eine Streitschrift, Gütersloh 2007.

- Graf, Roland: „Soll mein oder dein Wille geschehen?" Gedanken zur Beihilfe zum Suizid aus der Sicht der Katholischen Kirche, in: Rehmann-Sutter et al (Hg.): Beihilfe zum Suizid in der Schweiz, Beihilfe aus Ethik, Medizin und Recht, Bern 2006, 217-229.

- Greis, Andreas: Freiheit. Die Grundlage konkreter Sittlichkeit, in: Hunold, Gerfried W. (Hg.), Theologische Ethik: Ein Werkbuch, Tübingen 2000, 130-143.

- Grundgesetze für die Bundesrepublik Deutschland (GG) vom 23.05.1949, letzte Änderung: Bundesgesetzblatt Jahrgang 2009 Teil I Nr. 43, ausgegeben zu Bonn am 22.07.2009

- Haller, Reinhard/ Lingg, Albert: Selbstmord, Verzweifeln am Leben?, 1987 Wien.

- Holderegger, Adrian (Hg.), Das medizinisch assistierte Sterben, Zur Sterbehilfe aus medizinischer, ethischer, juristischer und theologischer Sicht, 2. erw. Auflage, Freiburg /Schweiz 2000.

- Hoppe, Jörg-Dietrich: Den Tod nicht zuteilen. Die Haltung der deutschen Ärzteschaft zur Sterbehilfe und zum assistierten Suizid, in: Rehmann-Sutter et al (Hg.): Beihilfe zum Suizid in der Schweiz, Beihilfe aus Ethik, Medizin und Recht, Bern 2006, 79-82.

- Jochemsen, Henk, Sterbehilfe und Palliativpflege in den Niederlanden, in: Göring-Eckardt, Katrin (Hg.), Würdig leben bis zuletzt, Sterbehilfe – Hilfe beim Sterben – Sterbebegleitung – Eine Streitschrift, Gütersloh 2007, 87-98.

- Körtner, Ulrich H.J., Therapieverzicht am Lebensende? Ethische Fragen des medizinisch assistierten Sterbens, in: Zeitschrift für medizinische Ethik 48 (2002), Heft 1, 15-28.

- Kuhse, Helga: Die Lehre von der „Heiligkeit des Lebens", in: Leist, Anton: Um Leben und Tod, Moralische Probleme bei Abtreibung, künstlicher Befruchtung, Euthanasie und Selbstmord, Frankfurt a. M. 1990, 75-106.

- Leist, Anton (Hg.): Um Leben und Tod, Moralische Probleme bei Abtreibung, künstlicher Befruchtung, Euthanasie und Selbstmord, Frankfurt a. M. 1990.

- Lind, Vera: Selbstmord in der Frühen Neuzeit, Diskurs, Lebenswelt und kultureller Wandel, Göttingen 1999.

- Mathwig, Frank: Zwischen Leben und Tod. Die Suizidhilfediskussion in der Schweiz, Zürich 2010.

- Moyes, Jojo: Ein ganzes halbes Jahr, Hamburg 2013.

- Papst Johannes Paul II.: Enzyklika Evangelium vitae, Frohbotschaft des Lebens, Stein am Rhein 1995.

- Redfield Jaminson, Kay: Wenn es dunkel wird, Zum Verständnis des Selbstmordes, Berlin 2000.

- Rehmann-Sutter, Christoph/ Bondolfi, Alberto/ Fischer, Johannes/ Leuthold, Margit (Hg.): Beihilfe zum Suizid in der Schweiz, Beihilfe aus Ethik, Medizin und Recht, Bern 2006.

- Reiner, Artur: Ich sehe keinen Ausweg mehr, München/Mainz 1974.

- Rippe, Klaus Peter: Suizidhilfe und das Recht auf Selbstbestimmung, in: Rehmann-Sutter et al (Hg.): Beihilfe zum Suizid in der Schweiz, Beihilfe aus Ethik, Medizin und Recht, Bern 2006, 181-194.

- Römelt, Josef: Autonomie und Sterben, Reicht eine Ethik der Selbstbestimmung zur Humanisierung des Todes? in: Zeitschrift für medizinische Ethik 48 (2002), Heft 1, 3-14.

- Schächter, Reinhard, Die Euthanasiedebatte in der Schweiz, in: Beckmann, Rainer et al (Hg.), Sterben in Würde, Beiträge zur Debatte um Sterbehilfe, Krefeld 2004, 259-272.

- Schardien, Stefanie: Sterbehilfe als Herausforderung für die Kirchen, Eine ökumenisch-ethische Untersuchung konfessioneller Positionen, Öffentliche Theologie Bd. 21, Gütersloh 2007.

- Schöne-Seifert, Bettina: Ist Assistenz zum Sterben unärztlich?, in: Holderegger, Adrian (Hg.), Das medizinisch assistierte Sterben, Zur Sterbehilfe aus medizinischer, ethischer, juristischer und theologischer Sicht, 2. erw. Auflage, Freiburg /Schweiz 2000, 98-118.

- Spaemann, Robert. Es gibt kein gutes Töten, in: Beckmann, Rainer et al (Hg.), Sterben in Würde. Beiträge zur Debatte um Sterbehilfe, Krefeld 2004, 103-117.

- Spieker, Manfred: Euthanasie und Gesellschaft, in: Beckmann, Rainer et al (Hg.), Sterben in Würde, Beiträge zur Debatte um Sterbehilfe, Krefeld 2004, 11-19.

- Strafgesetzbuch (StGB) vom 13.11.1998, letzte Änderung: Bundesgesetzblatt Jahrgang 2009 Teil I Nr. 38, ausgegeben zu Bonn am 03.07.2009.

**Online-Quellen:**

- Dignitas, http://www.dignitas.ch/ [Stand: 29.01.2014]

- Exit – Deutsche Schweiz, http://www.exit.ch/ [Stand: 13.12.2013]

- Ergotherapie- Paraplegiologie, http://www.ergotherapie-paraplegiologie.info/Artikel/Fachthemen/Def_QSL.pdf [Stand: 2014]

- Von Feldenkirchen, Markus, Das Schicksal ist doof, in: Der Spiegel (2012), Nr. 29. http://www.spiegel.de/spiegel/print/d-87347263.html [Stand: 16.07.2012]

- Wagner, Peter, "Von wegen: Körper kaputt, Leben kaputt", in: Süddeutsche Zeitung (2011), http://jetzt.sueddeutsche.de/texte/anzeigen/526814/Von-wegen-Koerper-kaputt-Leben-kaputt [Stand: 26.06.2011]

## 6. Abkürzungsverzeichnis

| | |
|---|---|
| a. a. O. | am angegebenen Ort |
| Abs. | Absatz |
| AEM | Allgemeine Erklärung der Menschenrechte |
| Art. | Artikel |
| Bd. | Band |
| bzw. | beziehungsweise |
| ca. | zirka |
| CFH | Schweizer Franken |
| DBK | Deutsche Bischofskonferenz |
| d.h. | das heißt |
| ders. | Derselbe |
| Dtn. | Deuteronomium (5. Buch Mose) |
| ebd. | ebenda |
| EKD | Evangelische Kirche Deutschlands |
| engl. | englisch |
| et al | und andere |
| etc. | et cetera |
| Ex. | Exodus (2. Buch Mose) |
| f | die angegebene und die folgende Seite |
| ff | die angegebene und die beiden folgenden Seiten |
| geb. | geboren |

| | |
|---|---|
| GG | Grundgesetzbuch für die Bundesrepublik Deutschlands |
| Gen. | Genesis (1.Buch Mose) |
| gr. | griechich |
| Hg. | Herausgeber |
| Hi. | Hiob |
| Jes. | Jesaja |
| Koh. | Kohelet (Buch Prediger) |
| lat. | lateinisch |
| Mt. | Matthäus |
| o. g. | oben genannte(n)(s)(r) |
| Ps. | Psalmen |
| s. | siehe |
| 2 Sam. | Samuel (2. Buch Samuel) |
| sog. | sogenannte(n)(s)(r) |
| StGB | Strafgesetzbuch |
| usw. | und so weiter |
| vgl. | vergleiche |
| v. Chr. | vor Christus |
| z.B. | zum Beispiel |